A VIDA PELA BOLA

LUIZ GUILHERME PIVA

A VIDA PELA BOLA

ILUMI//URAS

Copyright © 2018
Luiz Guilherme Piva

Copyright © desta edição
Editora Iluminuras Ltda.

Capa e projeto gráfico
Eder Cardoso / Iluminuras

Imagens
© freeImages.com, modificadas digitalmente

Revisão
Jane Pessoa

CIP-BRASIL. CATALOGAÇÃO NA PUBLICAÇÃO
SINDICATO NACIONAL DOS EDITORES DE LIVROS, RJ
P764v

    Piva, Luiz Guilherme, 1962-
    A vida pela bola / Luiz Guilherme Piva. - 1. ed., - São Paulo : Iluminuras, 2018.
    152 p. : il. ; 21 cm.

    ISBN 978-85-7321-578-6

    1. Crônica brasileira. I. Título.

18-48731   CDD:
                   CDU: 869.8
821.134.3(81)-8

2018
EDITORA ILUMINURAS LTDA.
Rua Inácio Pereira da Rocha, 389 - 05432-011 - São Paulo - SP - Brasil
Tel./Fax: 55 11 3031-6161
iluminuras@iluminuras.com.br
www.iluminuras.com.br

Para a Rosária, o Antônio e a Maria Fernanda.
Para o Lincoln (*in memoriam*).

SUMÁRIO

PIVA, UM SENSITIVO DA BOLA
Xico Sá, 9

A VIDA PELA BOLA

FUTEBOL IMAGINÁRIO
Bravo, bravo!, 15
Futebol para sempre, 18
Futebol imaginário, 20
Cadê a bola?, 23
Mânches ou Báia?, 25
Uma bola, 27
Ela, 29
Na linha, 31
Hoje e sempre, 32
Vencendo sempre, 33
Sem abrigo, 35
Número 5, 36
Secos e molhados, 37
A mãe e a bola, 42
Mamãe Noel, 44
Pão com ovo, 46
Fechem os olhos, 48
Bola na rede, 50
Final de Copa, 51
Palito, 53

Gols de bicicleta, 55
Estrada nua, 57
Jogo noturno, 59

FEITO A MÃO
O dobro ou nada, 63
Mudança de time, 67
Catimba, 69
Jogando por música, 72
Parada, 74
De sapatilhas, 76
É tudo verdade, 77
Visão de jogo, 79
Jogo de cena, 81
Sem perdão, 85
Um, dois, 86
Pra fora, 88
Gol de honra, 90
Quinta dos infernos, 92
Uma vez Flamengo, 93
Um e outra, 96

Bola com endereço, 97
Na boca do gol, 99
Um dia, 101
De cavadinha, 103
Feito a mão, 106

UM JOGÃO!

Bolas perdidas, 111
Em ondas, 112
A bola do jogo, 113
Perdidas ilusões, 117
Fome de bola, 119
W.O., 120
Perdendo sempre, 122
Redemoinho, 124
Perdas ou ganhos, 125
Ausência, 126
Burro!, 128
Mau tempo, 130
Sem volta, 131
Noturno, 133
Camisa 9, 134
Carmo, 136
Logo, logo, 139
Domingo passado, 141
Que jogo!, 143
Quanto tempo, 145
Um jogão!, 147

SOBRE OS TEXTOS, 150

SOBRE O AUTOR, 151

PIVA, UM SENSITIVO DA BOLA

Xico Sá

Piva traduz, muito além do jogo, o mistério da bola. O que diz a redonda para quem a toca. Piva muitas vezes é a voz da bola, balão de HQ sobre a redonda, quanta devoção e quanto suspense a cada gomo indecifrável conforme o relógio marca.

Conheci o futiba do Piva no blog do Juca. Bolão. Que texto, pensei, que maluco é esse que ainda bate de trivela, de três dedos, com efeito e lirismo. Disse um palavrão bem alto, lá no bairro da Pompeia, SP. Filho disso, filho daquilo. Puro elogio, eu juro. Sabe a boa inveja de ler um autor, com licença da palavra, torcida brasileira, fodão?

Esse joga o jogo. O cara ainda teima mostrando que é possível juntar tradição e modernidade num só cronista. Praguejei de novo!

Daí então foi um vício de 2011 por diante. Como agarrar a mão do pai e caminhar para o estádio... Torcer para o time do peito. O verbo do Piva cada vez mais me saía como um relato sagrado do radinho de pilha de todos os domingos.

E sabe uma estranheza que notei no cara? Aquelas frases curtas me lembravam a literatura noir norte-americana, Chandler etc., esses craques da narrativa que ficam no nosso juízo como tiros certeiros.

Camisa dez. Com direito a bicicleta. Li este livro em todos os sentidos. Na primeira leitura, óbvio, me veio às narinas o rebote proustiano. A memória, a pelada, o futebol impossível no terreno profissa. O cheiro de terra e o sebo de carneiro nas canelas dos boleiros da várzea.

Minutos depois, já era, escanteava a nostalgia. Via que o Piva estava falando de qualquer e todo campeonato da existência. Champions, Brasileirão ou Lampions League. O jeito que o cronista toca na bola define o futebol arte. Atemporal. Vale a linguagem que não se vence dentro ou fora das quatro linhas. Muito menos na imensidão da página. "Proibiram o bate-bola do intervalo. Era num espaçozinho ao lado da cantina, com uma dente de leite furada que ficava guardada no quartinho de limpeza." Sacanagem eu entregar minha crônica preferida. Essa me tocou lá nas coronárias de um torcedor/secador de todos os tempos.

Nenhum outro ponta de lança do texto brasileiro brinca com a ideia de um jogo de bola como Piva. A palavra como a brincante redonda. Seja onde for o embate. No quintal ou no maior estádio do mundo. A palavra, a frase, o ritmo desse cara é a pelota que quica sem destino definido. Ele conseguiu traduzir a bola na escrita, sua trajetória e seus barulhos, com todo o suspense e a dramaturgia a cada gol de letra.

A VIDA PELA BOLA

Confesso que o futebol me aturde,
porque não sei chegar até o seu mistério.

Carlos Drummond de Andrade

FUTEBOL
IMAGINÁRIO

BRAVO, BRAVO!

Dominou e enfiou pro ponta, mas o domador interceptou. No rebote, ele retomou a bola e lançou do outro lado, na medida pro centroavante, entre o pipoqueiro e o tiro ao alvo, terminar a toda a descida do tobogã e, de carrinho, tocar forte pro gol. Mas lá, fechando tudo, tinha um elefante!

Aquele era o lugar em que ele, muito pequeno, conhecera os parques e os circos. Espaço disforme de mato ralo entre uma mureta e um ribeirão que agora, ele já quase adolescente, era o seu campinho e de outros colegas.

Viu que estava misturando tudo. Mas não conseguia parar. E o jogo seguia.

Foi queixar-se ao juiz — que, ao sacar o cartão, puxou lenços de mil cores infinitamente. Ao apitar, soprou flores e fez pingar moedas da narina.

Distraído, atordoado, não viu o contra-ataque: a bola no alto, nas cadeiras giratórias, voou até a cabeça do homem mais alto do mundo. A sorte é que seu goleiro largou o trapézio, quicou na corda bamba e fez a ponte.

Pouco depois, recebeu sozinho na área, mas ela era cercada de espelhos: convexos, curvos, côncavos, distorcidos, ele era mil, a bola era fugidia, o carrossel de cavalinhos em volta o confundiu ainda mais.

Perdeu o gol.

O jogo ficou complicado. Na corrida, pra receber atrás do malabarista, se viu dentro do trem fantasma e saiu perto da sua própria trave, branco de terror. Mulheres de maiô e paetê dançavam nas laterais. Na sua defesa os zagueiros de narizes vermelhos e sapatos bicudos trombavam e caíam.

Esfregou os olhos. Era delírio, óbvio. Viu o capim, os bambus fazendo as traves. Reboco solto. Fedor da água. Os molequinhos sujos com as camisas no joelho e ele descalço e sem camisa.
Olhou pro alto e o sol o hipnotizou.
Mas escutou a tempo o grito que o salvou de uma colisão dos bate-bates, entrou no caminhãozinho, que depois era um trenzinho, depois um aviãozinho – rodando em volta de um eixo, fazendo o círculo do meio de campo. A bola bem ali, na marca central.
Ele se moveu até ela, domou-a e arrancou pro gol com a molecada correndo em volta.
À sua frente, somente o engolidor de fogo. Se passasse por ele, era saco.
Mas não. Tinha também o atirador de facas.
E a mulher gorila.
E o homem mais forte do mundo.
E a roda-gigante.
E o globo da morte.
E ficou de noite. Luzes o cegavam e arregalavam-lhe as pupilas. O escuro fechou-lhe os ouvidos. O ronco das motos junto com a musiquinha do realejo e o rufar da bateria.
Ele resolveu chutar sem pensar, sem mirar, sem saber nada.
A bola subiu. Ele olhava. Subia cada vez mais. Ele a via sumir, estrelinha ascendente no céu.
Mas tudo se inverteu de repente. É ele agora quem voava. O campo, o circo, o parque iam encolhendo e virando capinzinhos lá embaixo. Ele tocou o céu, parabolou – e começou a descer.
A despencar.
A velocidade aumentou. O parque, o circo, o campo foram se agigantando, foram virando o mundo todo, ele é que diminuía, mas ganhava peso, corpo, massa, velocidade.
E medo.
Rezou pra que o goleiro o defendesse. Ou para que caísse num tonel de água e se salvasse. Ou que houvesse uma rede de proteção.

E não havia.

Até hoje, anos e anos e anos, tantos anos depois, ele continua caindo.

O medo só aumenta.

E ele já sabe que não há goleiro, nem tonel.

Muito menos rede de proteção.

FUTEBOL PARA SEMPRE

O ônibus do time teve que parar ali. Um povoado – de uma ponta à outra, oito postes na estrada, com umas dez ruelas de cada lado.
Tinha caído uma barreira adiante. O motorista entrou numa das vielas e estacionou. Um monte de gente em volta, sobretudo crianças.
Estavam acostumados com o movimento. Só que ninguém parava. Apenas um ou outro, no quebra-molas, pra comprar queijo ou minhocuçu.
Para as crianças aquilo era um espanto: o ônibus brilhante, grande, o escudo do time na lateral, os jogadores como figurinhas de álbum olhando pelas janelas.
Dez da manhã. O jogo, na cidade a duzentos quilômetros à frente, seria à noite. Tempo calculado pra chegar, almoçar e treinar.
A criançada viu os jogadores descendo. Era como um filme, uma tela enorme, um sonho.
Eles e a comissão técnica ficaram por ali, conversando, aguardando informações. Com a demora, aceitaram almoçar, em grupos de dois ou três, nas casas dos moradores. Em cada uma as crianças entupiam a porta para vê-los.
Chegou a notícia de que a estrada só seria liberada no final da tarde – a conta certa de chegar pro jogo.
O técnico e o preparador perguntaram se tinha campo. Tinha. A criançada os guiou por entre as casas, pela trilha perto do riacho, até chegarem ao local.
Era plano, todo gramado, traves de ferro velhas, uns dois formigueiros.
E aí o espetáculo.
Os jogadores se exercitando, correndo, batendo bola, chutando a gol.

Os goleiros de luvas, calções almofadados, joelheiras e cotoveleiras.

As crianças dentro do estádio.

Mais: dentro do jogo que só existia na televisão. Tinham transposto a tela e não havia mais fronteira.

O mundo todo era ali. O tempo sem fim era aquele. O surdo do chute. O chiado da bola na grama. As travas rinchando. O gongo da bola na trave – e o céu, o ar, o sol, os corações marretando o peito, as nuvens, a bola, os heróis em desfile como enormes alazões em órbita no universo.

De repente um enorme clarão se instaurou.

Tudo explodiu em branco.

E nunca mais elas viram nada.

Consertaram a estrada, o ônibus foi embora e de noitão passou de volta com as crianças já dormindo.

Mas elas não se lembram de nada depois do clarão.

Até hoje.

Pra onde elas olham só veem uma luz cheia de sons: do chute, do quique, das defesas, do gongo, do chiado, do relincho.

E assim será.

Elas nunca mais verão a vida preenchendo a geografia entre o primeiro e o oitavo poste, as ruelas, as casas e os seus próprios corpos.

Jamais voltarão do limiar que atravessaram, da dimensão em que os jogadores e as bolas, por algumas horas, formaram uma galáxia da qual elas para sempre acreditarão ser o centro.

FUTEBOL IMAGINÁRIO

Proibiram o bate-bola do intervalo.
Era num espaçozinho ao lado da cantina, com uma dente de leite furada que ficava guardada no quartinho de limpeza.
Uns seis ou oito alunos sempre se juntavam e jogavam bobinho, controle, chute a gol (desenhado com giz na parede) ou todos contra todos, simplesmente cada um por si driblando, correndo, chutando.
Alegaram barulho. Um vidro quebrado na sala do bedel. Atropelos de outros alunos. Duas meninas reclamaram de terem sido atingidas pela bola – uma delas teve os óculos entortados.
Proibiram. E sumiram com a bola.
Ficaram perdidos por uns dias. Mãos nos bolsos, conversa fiada, o intervalo sem graça, sem fim, sem sentido.
Até que – nenhum deles lembra por que nem como – começaram a jogar sem bola.
Como no *air guitar*.
Todos os dias. No mesmo local, ao lado da cantina.
Moviam-se, tocavam, controlavam com os pés e a cabeça, driblavam, chutavam a gol, tudo como se houvesse de fato a bola entre eles.
Não fingiam. Jogavam mesmo.
Sabiam os percursos da bola, as sequências, o balé que os lances produziam, as posições do corpo, os olhares, a geometria dos passes, o novelo dos dribles, os pesos, as medidas, tudo – de modo tão autêntico que faziam crer que, quando havia a bola, ela era só coadjuvante, prescindível ao jogo que eles jogavam.
Transformavam o ato real de jogar com a bola em mímica, ao avesso do jogo de verdade, que era aquele que desenhavam somente com seus corpos e a bola invisível.

Os outros ficavam olhando. Aliás, ficava todo o resto do colégio olhando. Alunos, professores, funcionários e quem mais ali estivesse. No início com estranhamento. Rindo um pouco. Depois, com interesse. Com o tempo, já seguindo os lances, torcendo, orientando as jogadas, lamentando ou comemorando um erro ou um acerto. Às vezes até protegiam o rosto e o corpo quando a bola imaginária aparentava vir na sua direção.

E eles, jogando, percebiam que eram objeto de observação, mas isso em nada lhes alterava a espontaneidade e o alheamento ao entorno.

Saíam suados, comentando as jogadas, discutindo por um lance, vibrando.

Alguém na diretoria achou que o transtorno estava maior do que quando eles usavam a bola. Convenceu os demais e deixaram, cedinho, a velha dente de leite no pátio, no espaçozinho ao lado da cantina.

No intervalo, eles chegaram e a viram. Olharam-se.

A turma, enorme, na assistência, muda, frustrada com o provável fim do show diário, começou a se dispersar, cada um para seu canto.

Eles pegaram a bola, começaram as embaixadas, os chutinhos, os dribles e retomaram seu antigo jogo real.

Mas, numa parada momentânea, para amarrar o tênis, um deles viu e apontou para os outros: todo o resto do colégio, em grupos grandes e pequenos, jogava o futebol imaginário que eles haviam jogado nas últimas semanas.

Rodinhas, bolinhos, duplas, times, correrias, meninas, meninos e funcionários, até o bedel sozinho simulando embaixadas – o colégio todo praticava o jogo sem bola, com movimentos, chutes, passes, cabeceadas, dribles, trocas de passes e todo o repertório que o corpo sabe usar para jogar bola, havendo ou não alguma para ser jogada.

Eles pararam, deixaram a dente de leite no canto e ficaram assistindo àquelas dezenas de jogadores enchendo o pátio com a dança e os sons do futebol.

Como num show em que toda a plateia de repente começasse a tocar no ar a mesma música que o artista solava sozinho no palco numa guitarra imaginária. ∎

CADÊ A BOLA?

No gol de baixo não podia chutar. A bola tinha que ser levada até dentro da meta – um chinelo de cada lado. Nos chinelos de cima podia. Dois tempos, os times mudavam de lado, ficava equilibrado. A rua era quase uma ladeira. E de paralelepípedo. Não era fácil dominar a bola. Fora as divididas, rebatidas, espirradas.
Com isso, ela toda hora rolava ladeira abaixo. Umas vezes dava pra pegar pertinho; mas quase sempre descia rapidamente até o terreno baldio no final da ladeira, uns quinhentos metros adiante.
Sempre sobrava pro menorzinho buscar. Só o deixavam jogar por causa disso.
Ele reclamava, mas davam-lhe cascudos e socos, xingavam, ameaçavam tirá-lo e ele acabava indo, as pernas curtas, embalado chorando morro abaixo, devagar chorando morro acima.
Dez, vinte vezes por jogo.
Queria jogar. A condição era essa.
Mas um dia ele não voltou.
Todo mundo esperando, estranhando o tempo. Sentaram-se. A tarde já ficando escura.
Decidiram descer todos: uns com raiva, prometendo surrar o moleque, outros com receio de que algo tivesse ocorrido.
No final da ladeira o medo era unânime. Foi sequestrado? Atropelado? Os pais dele vão nos matar. A polícia vai nos prender.
Entraram no terreno baldio. Entulhos, mato, tambores, mosquitos, monturos, poças. E escurecendo.
Gritaram o nome dele.
Nada.
O medo e a noite fizeram todos sair. Subiram a ladeira devagar e apavorados.
Em silêncio.
Chegaram aos chinelos.

Olharam em volta pra ver se ele tinha voltado – embora não houvesse outro caminho.
Chamaram, gritaram.
Nada.
Na penumbra espessa calçaram as traves e decidiram ir à casa dele, com medo, contar aos seus pais.
Bateram palmas.
Nada. Casa vazia.
Mas como? A família era grande, estavam todos ali pouco antes.
Empurraram a porta. Tudo vazio, empoeirado, bolorento, malcheiroso.
Como se nunca ninguém tivesse morado ali.
Rangidos no fundo. Vento.
Tremiam.
Um grito ("gol!") – a vozinha dele, muito alta e fina – fez todos correrem.
No escuro, um deles tropeçou em algo e caiu de cara no chão.
Era a bola.

■

MÂNCHES OU BÁIA?

— Eu vou jogar no Mânches Unái.
— Que Mânches o quê! O Báia é muito mais time! Eu vou jogar lá.
— Que Báia?
— O Báia. Como que Báia?
— Tem dois Báia.
— É?
— Vai ser burro! Claro.
— Burro é sua vó! O Mânches também tem dois.
— Tá zoando.
— Claro que tem. Tem o Unái e o Cid.
— Sério?
— Tô falando.
— É? Então me diz qual Báia cê vai jogar?
— Qual que existe?
— Dois, já falei.
— Tá. Mas como que chamam?
— Hããã. Tem o de Munix e tem o, é, como chama mesmo?
— Ah. Tá inventando!
— Mané inventando! O, não, é um nome difícil, assim, tipo legume, vaga-lume, cuspe, não lembro.
— Tá vendo? É só um. Esse aí, de Munix. É lá que vou jogar.
— Vai se dar mal. O outro é que é bom. O de Munix é uma draga.
— É?
— Claro. Não sabia?
— Não sei.
— Não sabe o quê?
— Se sabia.
— Ah, sei.
— O quê?
— Que você não sabia.

— Te catá!
— Há!
— Mas se ferrou também.
— Por quê?
— O Mânches bom não é o Unái.
— Não?
— Claro que não. O bom é o Cid. Lembra daquele jogo?
— Hein?
— O da goleada.
— É...
— Não lembra, né?
— Mais ou menos.
— Então responde: o Rúni joga em qual, no Unái ou no Cid?
— Não.
— Não? Não o quê? Perguntei se ele joga no Unái ou no Cid!
— Hein? Hã. Nenhum.
— Quê?
— Resolvi. Vou jogar no Barça.
— Tá bom. Então eu vou pro Real.
— Tá bom. Agora chuta logo.

UMA BOLA

Ninguém soube dizer de onde ela tinha vindo. Talvez tivesse caído do alto do morro, onde provavelmente ficara desde a pelada do dia anterior: a meninada descera para suas casas – barracos amontoados em vielas tortas e íngremes – e a deixara lá. Mas os meninos garantiram que havia muitos dias não jogavam.

O fato é que, de manhã cedinho, o pessoal descendo os becos, as janelas esfregando as pálpebras, a bola veio pingando. Rolando devagar no começo, nas pedras do alto do morro, depois quicando nas lajes, ganhando altura, estufando os lençóis e as roupas coloridas como as de um festival ou de um feriado, esgueirando-se entre antenas e postes, batendo nas portas como se trouxesse cartas, pulando nos degraus de escadas sem começo nem fim, mergulhando nas bacias, nas latas d'água nas cabeças, nos tetos de zincos pendurados pertinho do céu, às vezes ganhando enorme altura e formando outro olho, vesgo, ao lado do sol, às vezes perdendo velocidade e amortecendo o quique e deslizando nas ruelas mais planas, e as pessoas paravam para olhar, para dar caminho, para abrir as portas, a molecada correndo atrás, sem ninguém ousar tocá-la, todos dando-lhe passagem como num cortejo, até com reverências, abrindo a boca nas manobras mais elásticas, torcendo nos trechos em que ela se aninhava em obstáculos e se arrastava até o próximo declive e retomava a descida aos pulos, todos com os rostos para o alto, e para baixo, e para o alto, e para baixo, até que ela foi chegando ao fim do morro, ao limite entre a favela e a cidade, o asfalto, os carros, e tropeçou numa pedra mais alta, adquiriu força maior, elevou-se acima dos prédios da rua – e não desceu.

Não desceu.

Ficou todo mundo olhando para o alto, procurando, esperando sua volta triunfante, para vê-la quicando no asfalto até perder lentamente a inércia e repousar em algum canto, ou cair em cima de um caminhão, para fronteiras, ou parar embaixo dele, atropelada.

Mas não desceu.

O pessoal estranhou. Perguntaram-se com olhares, gestos, palavras, mas ninguém soube dizer.

E foi cada um pro seu canto. Cada qual com sua dor.

O curioso é que a meninada resolveu ir ao alto do morro, onde costumavam jogar e de onde a bola devia ter partido.

E não é que ela estava lá?

∎

ELA

O campinho ficava bem no alto do morro. Meia hora de subida. Chegavam lá cansados.
Mas valia a pena. Era um platô pequeno, de grama natural, com as traves de bambu que eles mesmos haviam colocado. Só que em volta era tudo morro. Não tinha lateral nem tiro de meta nem escanteio. Um palmo ou dois depois dos limites do campo eram as inclinações — se a bola chegasse ali, rolaria até o sopé e fim de jogo.
O jeito era jogar como eles faziam. Toques curtos, suaves. Aproximações, dribles secos, domínio perfeito.
Pra fazer gol tinham que conduzir ou tabelar até as traves e, com o pé em cima da bola, fazê-la ultrapassar a linha e puxá-la.
Isso criava um cuidado, uma delicadeza de movimentos que lembrava o balé.
E, como no balé, eles jogavam em silêncio.
Só o vento, um pássaro, um chiado, vindos de algum lugar distante, formavam a música inaudível que eles dançavam.
Ele foi lá uma vez. Não quis jogar, temendo deixar a bola escapar e acabar com o jogo. Ficou só olhando.
Admirou de início o domínio que eles tinham sobre a bola.
Mas logo percebeu que não era bem isso.
Na verdade, era a bola quem os comandava.
Era ela quem imperava, ditava o ritmo, dirigia os movimentos.
Ela era a majestade.
Os meninos eram seus súditos.
O campinho, um tipo de palácio.
É possível encontrar de tudo no lixo, menos uma bola de futebol.
Ninguém joga fora uma bola de futebol.
Porque a bola sempre será usada até se desintegrar, até esfarelar, até desaparecer.

E digo mais. Não só não se joga bola no lixo como do lixo retira-se de tudo para servir de bola: lata, cabeça de boneca, sapato, coco, caixa, roupa etc.

Coisas que, depois de assumir esse papel, também serão usadas até se desintegrarem, até esfarelarem, até desaparecerem.

Porque a bola de futebol — como parte que é do ser humano — foi criada por Deus.

Do pó.

E, tal como o ser humano, não tem senão um destino: ao pó voltará.

∎

NA LINHA

Com a camisa velha do Corinthians caindo nos ombros e alcançando os joelhos, o moleque baixo e magrelo jogava bola na viela de terra sem saída ao lado da linha do trem.

Sozinho, em dois, três, quantos houvesse, entre as cadeiras dos velhos fumando, as janelas das senhoras falando, as pernas das moças crescendo, as casas descascadas, os cachorros e as poças e cacos e latas e lençóis pendurados à beira da linha. Tudo tremia quando o trem passava. Já no apito de longe começava a correria pra tirar do varal o que desse, pra evitar que a fumaceira sujasse tudo. Com medo, o moleque parava o jogo, ficava atrás de uma cadeira, segurando a bola no peito. Ou atrás das coxas das moças, abraçando seus joelhos. Depois da fumaça, do cheiro e das tosses, bola ao chão, cigarros, janelas e moças.

Ao cheiro da poeira, da fumaça do trem e do suor do jogo, foi se somando o das pernas das moças. A inquietude pra dormir. Nem sabia por quê. Cresceu um pouco e já lhes abraçava as coxas na hora do trem, o rosto atrás dos seus quadris.

Cresceu de vez, foi ser eletricista, biscate, vendedor, jogador da várzea, o trem nunca mais passou, uma das moças, novinha, se casou com ele. Fumando na viela, olha hoje a linha parada, os molequinhos com camisas do Corinthians, um deles é seu filho. As senhoras, os lençóis, a bola. E as pernas das novas moças.

Não pensa dessa forma, mas se soubesse e pudesse, diria que o mundo e a história do mundo estão inteiros ali.

HOJE E SEMPRE

Ela joga, e muito.
É a primeira a ser escolhida no par ou ímpar.
A que fica em campo quando o time de fora entra e está incompleto.
E faz gol, muitos gols.
Comanda, xinga, encara, não foge da dividida.
Dribla, toca com classe, bate falta, pênalti, escanteio.
No dia em que ela não vai as peladas ficam sem graça.
O pessoal até que joga bem, e pelo menos dois são tão craques quanto ela.
Mas é que ela tem um algo a mais.
Talvez o jeito de dominar a bola.
Talvez a antevisão do lance.
Talvez os olhos vivos debaixo da franja suada.
O fato é que ali no campinho ela é a personagem principal.
Não é à toa que joga com a dez.
Aliás, sua idade.
Dois a menos do que os meninos.
Que não sabem se querem ali muitas outras iguais a ela, para que os times e os jogos fiquem muito melhores.
Ou se preferem que seja só ela, para que não percam suas posições nos times.
Ela, por sua vez, tem uma certeza: ali é feliz como em nenhum outro lugar.
E nem concebe que, crescendo, tudo possa ser diferente.

VENCENDO SEMPRE

Eles chegavam e contavam como fora o jogo. Suados, sedentos, misturavam as palavras com a respiração e os goles de água. O golaço, a furada, o começo de briga, o final emocionante. Falavam os quatro ao mesmo tempo. E a turma ouvia. Salivava de inveja, admiração e vontade. Mas não podia ir. "Vocês são muito novos", diziam. "É longe, e perigoso." "Nem pra assistir?" "Não. Quando vocês crescerem mais a gente leva."
Eram os quatro heróis do bairro. Da vila, na verdade. Um beco com velhos e moleques olhando e correndo. Lembrando e sonhando. Sumindo e crescendo.
Os quatro eram maiorzinhos, catorze, quinze anos. Dia de jogo saíam cedo, bola na mão, camisas velhas de times, kichute, a meninada vinha vê-los cruzar o beco de ponta a ponta, dobrar a esquina, ganhar a rua e ir diminuindo até a avenida em que pegavam o ônibus.
Os pequenos passavam o dia jogando no beco o jogo que eles imaginavam — na verdade, sabiam — que os quatro, lá longe, jogavam. Entre as paredes, as cadeiras dos velhos, os varais, os tambores de lixo, os cachorros: eram golaços, furadas, começos de briga, finais emocionantes. Suavam, respiravam forte, morriam de sede, afogavam-se no bico da garrafa.
E então, fim do dia, calor e mormaço, quase escuro, os heróis voltavam. Descreviam tudo. E não poderia ser mais igual ao que eles tinham imaginado, jogado, vivido!
Orgulhavam-se dos quatro bravos. Sua aventura no desconhecido, sua coragem frente a estranhos. Viam selvas, despenhadeiros, correntezas, muros altos, adversários armados — e eles venciam!
Sempre venciam. Nunca perderam. Às vezes um placar apertado porque não existia empate: "Quem fizer ganha!". Ficavam ali ao redor deles, ouvindo-os contar o jogo, a ida, a volta, os percalços,

as conquistas, com as pupilas crescendo, os dentes se abrindo, o coração inflando, até o encerramento.

Abraçavam-nos, pulavam. "Me leva na próxima, por favor!" "Deixa a gente ir!" Os quatro se levantavam, diziam que não dava, deixavam a bola ali para que eles brincassem e cruzavam de volta o beco, como cavaleiros retornando da missão no estrangeiro. Os velhos os abençoavam com os olhos.

Na casa de um deles, no pedaço de terra atrás do tanque, antes de se despedirem, combinavam como seria a próxima. Quanto seria o jogo. Quem faria os gols. Como acabaria. Como seria o outro time. Lances importantes. Algum sofrimento. E a vitória final, claro. Porque isso é o que importava. Voltar e contar a vitória.

É isso: não iam a lugar nenhum. Viravam na avenida, atravessavam pro bairro depois do posto e ficavam jogando sozinhos num terrão abandonado.

Golaço, furada, começo de briga, final emocionante. Tudo entre eles. Mas nem era pra valer. Era como imitavam o jogo que eles imaginavam – na verdade, sabiam – que jogariam se fossem jogadores, se estivessem num time, se disputassem partidas contra outros times de outros bairros e voltassem pra vila.

Cansados, sedentos, ofegantes.

Mas vitoriosos. Sempre vitoriosos. Nunca haveriam de perder. Esse era o compromisso que tinham consigo mesmos e com os meninos e os velhos.

Não sabiam até quando duraria tudo aquilo. Mas sabiam que venceriam sempre.

■

SEM ABRIGO

Tem que misturar pra dar jogo. Uns, já maiores, quase homens; outros, pequenos, correndo sem parar pra todo lado; e os mais do que crianças e menos do que adolescentes. Muitos pra cada time. Pátio de terra pequeno, bola velha, gritaria, suor, o sol na cobertura de zinco da casa vizinha explode nos rostos, o cachorro se mete no jogo latindo atrás da bola, o bueiro com lodo no canto da grade de ferro, a caixa de areia na frente do portão do fundo, canelas finas, peitorais, dentes falhos, solas rachadas, carecas de piolho, cicatrizes, catarro pendurado, cascudos, palavrões, choros, risadas, o gol no portão faz o som do trovão, o na grade, o do tarol, só acaba quando as cuidadoras chamam pro banho, pra sopa rala, pro quarto, pra dormir.

Todo dia chega ao menos mais um, magro, sujo, umbigo pontudo, cabelo de arame, entra direto no jogo, é só escolher o lado. E raramente sai um, pequeno, que alguma família leva – só que muitos deles voltam rapidinho. Alguns maiores fogem, mas também quase sempre retornam.

As cuidadoras põem garrafões de água numa bancada perto. Sentam-se nas escadas. O jardineiro se apoia no ancinho – e já teve até que entrar no gol. Pardais tentam encher a castanheira perto do galpão mas revoam com as boladas.

Famílias interessadas às vezes assistem da janela do diretor – quem sabe isso as ajude a escolher –, batem palmas.

Sol e zinco. Poeira.

Barulho dos pés na terra e dos trancos dos ossos.

De vez em quando a narração esganiçada do autor de um gol: "Neymar!, Neymar!, Neymar!".

As cuidadoras não desgrudam do relógio, marcando a hora de chamá-los.

NÚMERO 5

Jabuticabas estufando as íris. As costelas como espichas na pele das costas (valuma negra de trapo translúcido). Canjicas, poucas, acesas na boca. O calção, um cueiro como o que ainda outro dia cobria-lhe o corpo todo.
Na bola o dia inteiro.
No barro, na rua, no morro, na laje, na beira do brejo, a poeira à milanesa no suor, o catarro eterno, pernas de vareta de pedra.
A cama é o cimento da pracinha. A noite, o virol.
Na noite de Natal, as casas ainda vivas até tarde, viu a estrela cair sobre ele, levantou-se e tudo estava escuro, só o Papai Noel brilhando à sua frente, com o saco de maravilhas inacabáveis, despejando a catarata de brinquedos, a montanha de soldados, carrinhos, jogos, dados, vidros, controles, bonecos, baralhos, dominós, subindo, crescendo, chegando até o céu.
As mãos na boca, os cotovelos abertos como grilo em fiapo, olhando até não mais ver, do pé ao cume imaginado, o Papai Noel dizendo: "É tudo seu!".
Um passo pra trás. O umbigo de verruga excitada. Só dez anos de canelas, bacia, costelinhas, queixo e testa – esqueletinho negro esmaecido na noite.
Pegou com as mãos firmes a bola de couro. Número 5. Branca. Cheirosa. O abraço. A fungada.
"Papai Noel, pode levar o resto pras outras crianças."
O sabor do couro nos poros. Esfera rugosinha de pêssego. Branca, costura, branca, costura, bico, costura, circum-navegação completa, o mundo domado.
"Só quero a bola!"
Amanheceu de repente. A fontezinha magrela. O virol é de sol.
O pinheirinho falso de luzinhas roxas plimplinzando na sua frente.
Notou, em remelas, que abraçava uma bola.
A barriga de verme. Estufada. Lisa. Roncando. ■

SECOS E MOLHADOS

1.
Terra dura e estilhaçada em placas, umbuzeiros nus e tortos dando poleiro a urubus já sem rapina, e o sol jorrando labaredas para fritar o que ainda não foi inteiramente torrado. Uns bruguelinhos vazios, só costelas e cambitos, outros grávidos de vermes e fome chutam pra lá e pra cá um calango morto tentando acertá-lo entre um cacto e uns restos de ossos. O calor, o sol, a fome e a sede ondulam tudo, e tudo parece evaporar, mas o jogo persiste, com as lascas da terra crepitando, virando poeira e embaralhando ainda mais o que vai deixando de parecer real. Mas os meninos não se importam que não vejam pra que lado chutam, só querem manter o jogo enquanto o calango e eles tiverem algum peso e volume – porque, por instinto ou herança, sabem que, embaçados, ásperos, esgarçados, translúcidos, verão cedo ou tarde o jogo perder movimento e aquilo tudo voltar a ser só galhos secos, cactos, terra, sol e alguns ossos a mais –, com os urubus de volta ao poleiro, na torcida para que sabe-se lá por quanto tempo haja ao menos alguns outros jogos.

2.
O estádio dos moleques do cortiço era o barracão desmilinguido que restou nos fundos do que tinha sido um curtume. Chegaram de manhã e ele estava alagado. Dois palmos, mais de esgoto do que de água. A chuva da noite derrubara um muro pouco adiante e o córrego ao lado entupiu e transbordou.
Decidiram jogar chutando detritos, bosta, ratos, água, óleo, lixo e até a bola encharcada, pesada, boiando no meio do fedor. Mas riam, riam, riam. Os passos e chutes espalhavam imundície na cara

deles, os empurrões os derrubavam de bocas e olhos abertos no esgoto. Morriam de rir.
A chuva voltou, fez entrar mais lixo, merda, bichos mortos. Mas a cada gol eles comemoravam com aquele peixinho em grupo que viram os jogadores de vôlei fazer na quadra. Como um nado de peito.
No resto do telhado de amianto a chuva imitava torcida de casa cheia.
Os dois palmos viravam piscina. O esgoto, os detritos e os dejetos estavam na altura dos seus tórax e eles riam, riam, riam. Virou polo aquático. Davam mergulhos. Faziam guerras de jatos d'água com a boca. Acertavam a bola, com as mãos, nas cabeças uns dos outros. A chuva não parava. Nem eles. Riam, riam e jogavam.
Até que a chuva parou. Depois alguém tirou os entulhos que entupiam o córrego. Aos poucos a água baixou, vazou, correu, o barracão secou.
Mas eles não estavam lá. Nem em lugar nenhum. Nunca mais apareceram.
E ninguém nunca deu pela falta deles.
Como se tivessem virado bosta, dejetos, lixo.
Mas rindo, rindo. Como eles riram!

■

UM MENINO

A gente, com ele, ia até aonde que ia aquela cantiga.
Guimarães Rosa, "Sorôco, sua mãe, sua filha", em *Primeiras estórias*.

Lotaram o ônibus velho. Além dos quarenta sentados, mais uns vinte em pé no corredor. Com bandeiras, bumbos, cornetas, apitos, as cabeças para fora, batendo as mãos na lataria e gritando o nome do time.
Pressionavam o motorista para andar mais depressa. Temiam se atrasar para o jogo — no campo do adversário, em outra cidadezinha, a uns trinta quilômetros. Ele tentava, acelerava, dava saltos nas arrancadas, mas o motor já não respondia tanto.
Entraram na cidade consultando os relógios.
De repente, o ônibus parou. O motor ligado, mas sem movimento. Começou a gritaria. Partiram para cima do motorista. Ele apontou o para-brisa: na ausência do domingo, no sol humilhante do domingo, na poeira do domingo, um enterro entupia a passagem.
Poucas pessoas, maltrapilhas. Mulheres roxas. Crianças de espiga. Homens vazados. E um caixãozinho de seis palmos carregado por um velho e uma velha quase inexistentes.
Três torcedores decidiram ir lá tentar abrir caminho. Pediram calma aos demais, ajeitaram as camisas e os cabelos e desceram.
Andaram no meio do cortejo. Próximos ao caixão, onde havia mais adultos, falaram, perguntaram, fizeram sinais.
Nada.
Não respondiam. Não se mexiam. Não pareciam vê-los ou ouvi-los.
Adiantaram-se para perto do velho e da velha. A mesma coisa. Repetiram: o ônibus, o jogo, o time, os torcedores, o horário.
Nada.
Um deles então viu que o caixão não tinha tampa. Inclinou-se e olhou.

Viu um menino de uns cinco anos abraçado a uma bola. Empalideceu, paralisado.
Mostrou com o rosto para os outros dois, que arregalaram os olhos e congelaram.
Como estavam diante do caixão, impediam o enterro de avançar. Mas ninguém os olhava. Todos de cabeça baixa — almas puídas levando o menino morto com a bola nas mãos no vão do domingo —, parados.
O pessoal do ônibus começou a buzinar, tocar os instrumentos, gritar, xingar. Iam perder o jogo.
Então o velho e a velha iniciaram, quase em silêncio, uma ladainha enrolada, numa língua desconhecida. Os de trás os seguiram com vozes surdas. Um canto estranho — e tão baixo que abafava a zoeira que vinha do ônibus.
Os três, parados na frente, assustados, não tiravam os olhos da criança sem cor, esquálida, com a bola na mão.
E então, sem se darem conta, começaram também a balbuciar a cantiga que todos entoavam.
Pousaram as mãos no peito e puseram-se a andar ao lado do caixão, murmurando a mesma melodia, a mesma letra irreal, junto com todos.
Os que estavam no ônibus, impacientes, desceram e, com empurrões, abriram passagem no enterro até chegar lá na frente. Queriam liberar a rua para o ônibus passar.
Mas viram o caixão. E o esqueletinho abraçado à bola.
Estancaram como à beira de um abismo.
Em volta todos cantavam a canção grave, ininteligível.
Não falaram nada.
Perplexos, vazios, abaixaram as cabeças e, um a um, foram se juntando ao cortejo e somando suas vozes à cantiga.
E até o final do dia, quando o sol também era sepultado nos morros, quando a poeira entalava todos os poros, quando o oco da cidadezinha era fechado sob uma tampa escura, até a hora em que puseram o caixãozinho num buraco baldio, todos eles, que não mais se lembravam do jogo nem de si mesmos, seguiram

o enterro, sussurraram a mesma canção crespa que os demais cantavam — cada vez mais baixo, cada vez mais triste, cada vez mais uníssona.

Antes da primeira pá de terra, com o caixão destampado, o motorista do ônibus pediu que esperassem. Entrou no buraco, tirou a bola das mãos e a pôs nos pés do menino. Subiu e sinalizou com a cabeça para que continuassem.
Com poucas pás estava tudo coberto e acabado.
Mudos, voltaram para o ônibus.
Entraram e sentaram-se em silêncio.
O ônibus arrastando-se na estrada e na noite.
Foi quando alguém, lá no fundo do ônibus, puxou, baixinho, a mesma ladainha do enterro.
E depois outro.
E mais um.
Até que todos, aos poucos, os seguiram e começaram a cantar, juntos, quase sem se fazer ouvir, o mesmo canto desconexo e dolorido com que sepultaram o menino e sua bola.
Como se o trouxessem no colo, como se o ninassem.

A MÃE E A BOLA

Ele devia ter jogado futebol. Mas não. Nasceu com a maldade e só viveu para ela.
Moleque, punha passarinho vivo na bacia de água quente; rapaz, roubava dos vizinhos; adulto, brigava, xingava, sumia.
No mesmo beco, os meninos jogando bola e ele sozinho. Não falava. Com a família, grande, pobre, a mãe velha e quase surda, só aos gritos.
E assim foi.
Adulto, roubos maiores. Prisões. Fugas. Tiros no peito, na barriga, no pescoço. Surras de polícia e de bandido.
A magreza, os ex-dentes, as cicatrizes, as desfigurações. Cirurgias, sangramentos, fomes e comas. A morte tentava, mas não conseguia.
Até que, quase velho, voltou pra casa da mãe, sozinha, mais do que velha e surda.
Ele e ela. Calado, abafada. Outros meninos, como os antigos e os de sempre, jogando bola no beco. Ele não olhava.
Parou de roubar, de ser preso, de apanhar, de levar tiro e facada. Nos cantos. Sem conversa. Sem nada.
A única coisa era, todo fim de tarde, a pedido da mãe, ligar um disco de que ela gostava. Ela sentava e ouvia inteiro, de olhos fechados. O volume no máximo.
Nem sabia se a mãe ouvia. O sol no fim. Ela lá, ele ali. Ele com dó, ela em si.
Quando acabava o disco ela reabria os olhos — e refechava os ouvidos.
Um dia, não abriu mais.
Então, o então.

Todos os dias seguintes, por dois meses, ele ligou o mesmo disco. E o beco ouviu as músicas e o seu choro alto como um surdo gritando.
Todo dia.
Até morrer.
Sem nunca ter jogado bola.
Mas devia.

■

MAMÃE NOEL

Era Do que ele mais gostava quando menino.
Tinha um senhor que morava no fim da rua que no Natal enchia um caminhão-baú de bonecas e bolas, estacionava na praça, formava duas filas, de meninos e meninas, e distribuía tudo pra criançada.
Ele passava a semana anterior ansioso, vigiando da janela, contando horas e dias.
Quando ganhava a dele, vinha correndo eufórico, gargalhando, gritando, feliz como se tivesse ganhado o mundo inteiro.
Era a única coisa que ele ganhava. Viúva, pobre, mesmo tendo só ele de filho, que Natal eu poderia lhe dar?
Foram dez anos seguidos. Sei por causa das bolas que até hoje estão guardadas no quarto dele aqui em casa: em cada uma está escrito o ano em que ele a ganhou.
Nunca jogou com elas. Nem deixou que pegassem. Estão intactas. Passava pano, acariciava, ajeitava no lugar, mas não usava nem pra quicar.
Quando ele era rapazinho, o senhor faleceu e acabou a festa do caminhão-baú.
Meu filho foi estudar, trabalhar, viajou, ganhou algum dinheiro, mora longe, e só vem aqui pra me ver quando é Natal. Talvez porque não tenha ninguém, nem esposa nem filhos.
Ele vai até o quarto, pega as bolas, confere, diz "Lembra, mãe?". Ele, já um senhor, e eu, já bem velha, nos abraçamos. Fingimos não chorar.
Quase quarenta anos já esse ritual. Ele fica ali com as bolas um tempo, depois vai pra rua, anda nas redondezas e, após dois ou três dias, passado o Natal, vai embora.
Este ano telefonou dizendo que não vem. Não explicou direito por quê. Falou de exames, doença leve, coisa à toa. Eu disse que

entendia. Mas senti – mãe não se engana – que é coisa séria. Pela voz dele meu coração vislumbrou o fim de uma longa história. Dele e minha.

Resolvi que vou abrir a varanda, chamar dez meninos desses que zanzam pela rua, fazê-los formar uma fila e dar a eles as dez bolas, com um beijo e um abraço em cada um.

O que eu mais quero é vê-los correr pela rua gargalhando, gritando, felizes como se tivessem ganhado o mundo inteiro.

PÃO COM OVO

Marmanjo, grisalho, ainda leva a mãe para assistir a todos os seus jogos.
Pode ser no terrão, nas fazendas, nos estadiozinhos com degraus de arquibancada ou – ocorreu somente duas vezes nesses mais de trinta anos – no estádio municipal.
Ela de guarda-chuva, em pé, ou sentada numa toalha que sempre levam, com a garrafa de água e o sanduíche.
O mesmo que ela levava pra ele quando, moleque, começou a jogar nas peladas e nos times de roça, de bairro, de amigos e de escola. Era acabar o jogo, suado, polvilhado de terra, caiado de areia ou rebocado de lama e lá na cerca, na porteira, na estradinha, no barranco, estava ela, com o cantil e o pão com ovo.
Náufrago. Moribundo.
Ela com o pano úmido na sua testa.
"Fez gol, filho?"
"Hoje não, mãe."
E o pão com ovo. De olhos fechados. Mastigado como se um milagre pleno se enovelasse na sua boca e se desmanchasse até a alma.
"Não faz mal, filho. Noutro jogo você faz."
Mais de trinta anos tentando fazer gol em todos os jogos.
Para poder responder: "Fiz, mãe!".
Claro que nem sempre conseguiu. E que foi ficando cada vez mais difícil fazer.
Ele já podia, devia até, em função da idade, ter parado de jogar.
Mas acha que morreria.
Não pelos jogos. Não pelos gols.
Até porque faz anos que está sempre na reserva. E há muito tempo não faz nenhum gol.
Mas pelo pão com ovo injetando-lhe vida.

E pela bênção repetida enquanto ele ainda está de olhos fechados terminando de mastigar: "Não faz mal, filho. Noutro jogo você faz".

∎

FECHEM OS OLHOS

Vocês não estão enxergando. Nem ninguém. Mas ali está havendo um jogo. Onde? Ora, onde! Ali, bem à sua frente. Sei: nem mesmo o campinho vocês veem, não é? Nem a mim, eu sei; só me ouvem. Mas isso basta. Prestem atenção na minha voz. Olhem para a frente. Mas não de olhos abertos. Assim é que não verão nada mesmo. Façam como eu: fechem os olhos. Tapem-nos com as mãos. Pronto. Agora vocês conseguirão assistir ao jogo. Já veem o campinho, certo? Os buracos, as descaídas, o capinzal no fundo, o barro eterno num dos cantos. A bola velha, soltando lascas de couro, meio murcha. E o bando de moleques. Reparem bem. Não são estranhos. São vocês. Magrelos, joelhos esfolados, pés encardidos, suor por todo o corpo. Correndo sem parar. Misturando-se uns com os outros, com o mato, com o barro, brigando pela bola como cães atrás de comida. Caem, rolam, pulam, chutam, brigam, riem, se abraçam, trocam socos, falam alto.
Vejam a si mesmos quando meninos jogando bola. Pensem em vocês agora. Parecem seres distintos, eu sei. Mas não é para se espantarem. Algo ocorreu – sempre ocorre, e não há quem saiba dizer o que é – desde aqueles jogos e até hoje que tornou tudo e todos aparentemente tão diferentes. Por isso é que vocês não se reconhecem. Mas agora, observando bem, já têm certeza de que são vocês, certo?
Então. Vejam o jeito de cada um. A maneira de dominar a bola, de chutá-la, de esbravejar, driblar, dar passes, comemorar. Parece inacreditável, mas é assim que vocês ainda fazem hoje. Eu sei que vocês não jogam mais bola. Mas é por isso que estou lhes mostrando esse jogo. Para que percebam que é naquele campinho, com aquela bola, com os traços e modos que vocês tinham quando

eram crianças e jogavam futebol que vocês forjaram o que são hoje.
 Não falo de modos físicos. Nem de fracassos e sucessos. Falo da tormenta ou da paz de espírito. Da dignidade ou da covardia. Da respiração forte ou fraca. Do olhar altivo ou baixo. Da percepção ou não do espaço e do tempo e do que fazem ao percorrê-los. Esses são os fundamentos adquiridos nas peladas da infância e que os anos transformam em caráter.
 Tudo isso está ali, no jogo à sua frente. Só que vocês então não o sabiam. Muito menos o sabem hoje. E tampouco o saberão daqui por diante. Porque assim que destaparem e abrirem os olhos tudo será esquecido. E o que é invisível voltará a sê-lo.
 Vocês continuarão cegos, lutando, felizes ou infelizes, atrás de algo que não sabem o que é. Mas que provavelmente é voltar a jogar aqueles mesmos jogos. Para ter a chance – impossível – de tomar consciência de que ali se decidia o que viriam a ser ou deixar de ser hoje.
 Agora chega. Podem abrir os olhos.
 Veem? Pois é. É isso mesmo. Nada.
 Não vemos nada, não é?
 Mas é normal que não vejamos.
 Porque não há mais nada para ver.

BOLA NA REDE

Todo domingo ele percorre de automóvel cerca de trezentos quilômetros de estradas. Dezenas de campos de futebol e de pelada margeiam a pista. De dar água na boca: grama aparada, traves, planos e alguns até, meu Deus!, com rede.

Um luxo inalcançável quando no Brasil – talvez poucos se lembrem ou acreditem – se jogava futebol em todo e qualquer lugar. No barro, nas calçadas, nos barrancos, nas ruas, na terra, no meio de formigueiros, no filete de lote, nos galpões, no parque, na praça, no circo e no meio dos bancos de jardim.

Grama, traves e – glória suprema e impossível – rede eram só pros campos de times, em campeonatos, para adultos uniformizados.

Pois bem. São trezentos quilômetros de belos campos. Ele se contém para não parar, descer de roupa social e ficar ali uns minutos brincando, rolando uma bola e chutando-a para ver a rede abraçá-la e ouvir o chuá dela escorrendo até o chão.

Mas o que o impressiona é o seguinte: em nenhum, nenhum, absolutamente nenhum desses campos, nos domingos de tardinha, tem alguém jogando bola! Nem crianças, nem jovens, nem adultos, nem veteranos, nem molequinhos correndo sem ordem nem direção, nem peladas, duplas, controle, dois toques, rachão, nada.

Nada.

Quer dizer, olhando bem – mas só quando ele fecha os olhos – dá pra ver em alguns deles uns espectros meio grisalhos, de calça, camisa e sapatos, sozinhos, chutando bolas imaginárias e dando socos no ar depois do chuá da bola na rede.

Senhores que, fácil, fácil, se pudessem, comprariam o passado por qualquer valor.

Mas que seguem adiante, acelerando seus carros.

FINAL DE COPA

Não resistiu. Viu a pelada e deu seta, pegou o acostamento devagar, desceu o pequeno declive de terra e deixou o carro perto do capinzal.

De terno e gravata, ficou em pé assistindo. Terrão, sol humilhante, dois times (com camisa e sem camisa) de rapazes simples jogavam como numa final de Copa do Mundo.

Suava, estava atrasado, se empoeirava, o compromisso era importante – mas ele não saía do lugar.

Viu que tinha uns galões de água, fez sinal pra um dos jogadores pedindo pra tomar. Virou no bico, esfregou a boca com as costas da mão, molhou o cabelo, pôs as mãos na cintura abrindo as asas do paletó e voltou a assistir.

Não pensava mais no tempo. A tarde crepitava. O jogo parecia que não teria fim. O zunido dos carros na estrada. Gols comemorados como vitórias numa guerra. O manto de poeira.

De cócoras. Com a mão em continência pra apurar a vista. A boca seca. Os lábios nos mesmos galões em que todos tomavam.

E foi aquilo. Um se machucou, tio, entra aí, quem, eu?, é, tio, completa aí, mas só estou assistindo, faz tempo que não jogo, só completa, de terno?, vai logo, tio, peraí, boa.

Era no time de camisa. Deixou o paletó no chão e entrou.

Não sabia mais o que estava acontecendo. Sol, poeira, carros, a bola, os jogadores em volta, ele correndo sem parar, a gravata balançando, os sapatos doendo, o suor empapando tudo, o barulho do tempo zunindo, zunindo, zunindo, escurecendo, quem fizer acaba, mas ninguém fazia, o jogo não acabava, quase noite, ele correndo, tocando, chutando, tropeçando, a boca cheia de terra, já não se via mais nada.

* * *

O carro está lá no capinzal faz mais de um mês. Depenado.

Quem mora em volta não sabe como ele foi parar lá. Ninguém se lembra de ter visto nada: nem acidente, nem pelada, nem ninguém saindo do carro, dizem que naquele campo ninguém joga há anos.

Mas a polícia segue procurando o corpo.

É que acharam um paletó no chão, sujo de terra, do lado do campo.

Mas sem nada. Nenhum documento, nenhum papel. Nada. ∎

PALITO

Um homem, já com mais de setenta anos, rico, depois de cinquenta anos resolveu voltar anônimo à sua distante e diminuta cidade de nascença, de onde saíra pobre e sem perspectiva.
    Nunca mais ele voltara. Recentemente, dera uma olhada no Google Earth, mas a foto estava borrada – como ocorre com os lugares desimportantes.
    Foi de avião até a capital, de carro até o hotel da cidade próxima e, para não chamar a atenção, de ônibus e roupa comum no último trecho. Andou pelas ruas conhecidas. Viu casas e semblantes familiares. Percebeu que ninguém o reconhecia. Nem os mais velhos – os quais ele identificava perfeitamente.
    Viu que sua antiga casa e as vizinhas deram lugar a uma espécie de praça, com um campo de terrão onde, meio-dia, o sol de quarenta graus, homens, rapazes e meninos jogavam bola.
    Apertou os olhos pra distinguir as jogadas na poeira. Sentou-se na lanchonete.
    Daí a pouco, fim de jogo, os mais velhos – pouco mais novos que ele – vieram tomar cerveja. Ele ficou ouvindo.
    Até que a conversa – como todos os domingos – concentrou-se no Palito. "Que jogador!" "Nunca houve nem haverá nenhum igual!"
    Eles então contam e recontam entre si que o time local, durante o período em que o centroavante magro e alto jogara, dos dezesseis aos vinte anos, ganhara tudo. Era um assombro.
    "E aquela vez que fez o gol de falta do meio da rua?!" "E a goleada dos quatro gols de cabeça?!" Batera o recorde de gols e vitórias na redondeza. Enchia de gente pra ver os jogos. "Lembram quando ele jogou machucado? Mancando, deu um corte no volante e bateu no ângulo?!" O narrador se levanta e imita os movimentos do Palito.

O dono do bar para pra ouvir. Os meninos ficam em volta. "Na idade de vocês", um deles fala pros moleques, "ele era o nosso ídolo."
Ele respira, sorrindo, contido. Enche o peito.
"Sumiu. Novo ainda. Ninguém sabe pra onde. Nem a família sabia. Até que mandou buscar todo mundo."
Silêncio. Ele cofia as sobrancelhas suadas. Bebe a água engasgando.
"Ele era um espanto! Aqui nunca houve ninguém tão respeitado. Nem doutor, nem empresário, nem nada. Quem é daquela época daria tudo pra revê-lo, saber o que aconteceu, rememorar junto com ele os jogos fantásticos."
Ele se levanta. Hesita um pouco. Alisa os cabelos. Olha pra turma. Eles fazem um meneio de cumprimento com a cabeça. Sai andando até a praça. Sorri.
Não é ele, óbvio. Nunca jogou futebol na vida.
Mas conclui que daria tudo o que tinha pra ser o Palito.

GOLS DE BICICLETA

Sempre uma desculpa. "Furou o pneu da bicicleta", "a fila estava muito grande", "o cliente demorou a me atender", "foi difícil achar o endereço", "ninguém sabia quem era o cara".
Mas era a pelada.
Ele saía pra fazer cobrança e não resistia. Via um campinho, um espaço qualquer em que jogavam bola, e logo parava a bicicleta, amarrava a pastinha de notas no bagageiro e entrava no jogo. No mínimo uma hora.
Chegar suado era normal: rodava a cidade pedalando. O lote grande de cobranças também justificava alguma demora.
Mas os atrasos estavam aumentando. As desculpas se repetindo. E o pior: os resultados das cobranças eram baixos, quase nulos.
Da última vez voltou só à noite. A firma já estava fechada. De manhã o chefe o chamou pra demiti-lo.
Ele abriu o jogo.
Era um campinho lindo, num bairro que ele não conhecia. Grama natural, bica do lado, traves de bambu com travessão, farrapos de rede, sombra farta, bola nova, molecada boa de bola, faltava um pra inteirar – ele não poderia impedir o jogo.
E mais, chefe, foi um jogaço! Escurecendo, empatado em oito a oito. Quem fizesse ganhava.
Não podia parar. Questão de honra. Ninguém enxergava mais nada, mas nem pensava em parar.
E eu fiz o gol decisivo!
Foi uma festa! Abraços, sanduíches, guaraná, risos encharcados de suor, todo mundo junto, dos dois times.
Mas o senhor está certo.
Onde eu assino?

O chefe se levantou, rodou a sala com as mãos nas costas. Entregou a ele o papel para que assinasse. Recolheu a pastinha com as cobranças – nenhum recebimento, como sempre.
Sozinho na sala, sentiu dó do garoto; pensou que a demissão era um castigo exagerado.
Mas disse para si mesmo que a vida é dura.
Que a gente precisa aprender na dor e na perda.
E fingiu que estava coberto de razão.
Mas estava arrasado.
Queria largar tudo e correr pro campinho.
Chamar o garoto para ir com ele.
Chupar manga, lavar o rosto na bica, comer pão com mortadela e, acima de tudo, jogar bola livre, sem regras, sem hora, até anoitecer.
Isso foi há muito tempo.
Ele ficou mais maduro, mais velho.
E até hoje carrega o pesar em algum nó dolorido na alma.
Mas finge que não sente.

■

ESTRADA NUA

Do escritório em que trabalha ele vê as quadras de uma escola de ensino fundamental.
Perde-se nas reuniões quando ouve a correria, os risos, os gritos dos meninos e meninas atrás da bola no intervalo. Indaga os rostos dos convivas, procura neles as crianças que foram e não as vê.
Levanta-se, chega à janela, finge concentrar-se numa questão, mas fixa os olhos na criançada, na quadra, nas bolas, nos risos.
Ausenta-se.
Está lá na escola, corre, gargalha, sua, arregaça as mangas e a bainha, tira os nós dos sapatos e da gravata, dos desejos, dos receios — como se fosse falar com Deus —, chuta, agarra, cai, abraça e é abraçado.
Chamam-no.
Ele se vira encabulado: o que ele faz ali, menino, num escritório cheio de adultos, e assim desarrumado, suado? Vão castigá-lo, teme, botá-lo pra fora. Engole, gagueja, vai se explicar — mas nota que ninguém vê nele nenhuma criança, nem a que já foi nem a que é naquele momento.
Perguntam-lhe algo, ele não sabe responder.
Atrás da janela segue o zunido agudo do ar inflando corpos e esvaziando bolas.
Aumenta o estardalhaço das vozes na reunião. Números, quadros, textos. Algaravia, glossolalia. Não entende nada.
Aflige-se.
Olha as crianças.
Vê agora um menino que lembra seu retrato no primário: uniforme, mapa do Brasil atrás, o nome da escola e o seu na plaquinha na mesa, o cabelo caído, o riso de lado.
Reconhece-se. Vê que ele recebe a bola e parte para o gol. Torce. Aperta o parapeito. Mas em segundos a bola já está com outro,

lento, grande, murcho, que a deixa fugir. Olha melhor: são dois, lado a lado. O menino e o velho, correndo ombreados, sem se encostar. Percebe tudo. Abre a vidraça e grita: "Seu infinito sou eu!". Mas eles não ouvem, talvez por causa do barulho do escritório, cada vez mais cheio, e somem aos poucos.
Os demais também desaparecem.
A quadra fica vazia.

A bola então escapa sozinha, esgueira-se pela parede, encontra o portão, se insinua na calçada e rola para a rua, caindo na mesma estrada que ele tomou um dia – e que vai dar em nada, nada, nada, nada do que ele pensava encontrar. ■

JOGO NOTURNO

Jogavam todos os dias.
Quase sempre no campinho que depois virou igreja. Mas também num terreno inclinado perto do rio. E num terrão de uma fábrica fechada. Uma vez até no campo do time do bairro, invadido à noite: jogaram no escuro, só a lua e os postes do lado de fora, com o gozo da grama rente, as marcas de cal, as traves brancas e a gravidez da rede a cada gol.
Todos os dias.
Chuva, sol, barro, areia. Depois da aula, no início da noite, de manhã cedinho, na hora do almoço, quando desse. Iam se juntando, um falava pro outro, que avisava outro, que encontrava mais um, quando dava deixavam marcado pro dia seguinte, mas nem precisava.
Agora, olhando o computador, ele se lembra de quase tudo.
Muitos gols, muitas brigas, broncas dos pais, verrugas sangrando no joelho, pés cortados que geraram ínguas, o cheiro do suor na terra, a chuva domando o véu da poeira até o chão, as lascas de couro se soltando da bola, os córregos.
E o rosto de cada um.
Como um desfile de fotogramas acendendo e apagando rapidamente.
Um por um.
Lembra que paravam de jogar à medida que cresciam. Que os que iam ficando mais velhos iam deixando de comparecer e sumiam. Que ele era dos mais novos e ficou muito tempo — mas que também deixou de jogar enquanto outros ficavam.
Um golaço que todos elogiaram. Um frango de um amigo que quase os levou aos socos. Uma bola nova. A primeira vez de kichute. Vidros quebrados. Insolações. Água na mangueira ou na bomba.

Na frente do computador põe no Google os poucos nomes completos de que se lembra. Não acha nada – ninguém é conhecido o suficiente. Sem redes sociais – nem sabe mexer –, não tem outra forma de procurar.
Se lembrasse de outros nomes. Se morassem na mesma cidade. Se não tivessem se dispersado. Se não tivessem parado de jogar à medida que ficavam maiores.
Por que não continuaram?
Bastava seguir jogando todos os dias.
Os dias e os anos teriam se passado. Estariam velhos do mesmo jeito que estão hoje. Alguns já teriam morrido como certamente ocorreu.
Mas todos saberiam onde cada um esteve todo esse tempo e onde cada um está agora.
Como sabiam quando jogavam. Quase sempre sem nem combinar – será que ainda tem lá a igreja?
E mesmo assim se encontravam e jogavam e no dia seguinte jogavam e no dia seguinte de novo e no dia seguinte outra vez até que um ficava mais velho e não ia mas outro mais novo começava e todos seguiam jogando.
Quando é que a gente ficava velho e saía? Que momento da idade era o de sair? Quando sabiam disso?
Se tivesse uma lista telefônica da cidade. Será que existe lista? Mas, se existir, como arrumar uma lista telefônica de uma cidade pequena do outro extremo do país?
Quando é que os jogos pararam?
Quanto tempo mais duraram os jogos depois que ele saiu?
A tela do computador brilha fraca no seu rosto. É a única luz na noite da sala. Silêncio dentro e fora da casa.
Como naquela noite no campo.
Só que agora sozinho, sem gozo, sem bola, sem grama, sem rede.
Sem os companheiros das peladas.
Só ele.
Não.
Ele e o tempo.

FEITO A MÃO

O DOBRO OU NADA

Jogo mais importante sempre tinha jogador que estava comprado. Os times não pagavam nada e na cidade rolava muita aposta. Jogo comum, com apostas pequenas, não dava pra descarregar. Porém, quando a coisa crescia já dava pra dar uma parte pra um zagueiro, um goleiro, um centroavante. Só que nunca se sabia quem era, quem pagava, quem recebia. Gols com falhas sutis ou evidentes aconteciam, mas quem poderia garantir? Futebol é assim mesmo, diziam. A cidade não era grande – então, o segredo era tudo para apostadores e vendidos. Senão, nunca mais.

Mas houve uma decisão que era de vida ou morte.

E a tensão, a discussão, a rivalidade e a expectativa chegaram a tal ponto que o volume de apostas foi crescendo muito mais do que se esperava. Duas semanas antes já acumulava o dobro do normal.

Isso só fez aumentar as apostas. Até quem nem sabia como funcionava começou a pôr um troco: donas de casa, crianças, professoras, o sargento do tiro de guerra. Um micro-ônibus da cidade vizinha veio trazendo uma relação de apostadores e as notas amarradas com gominha.

O dinheiro foi confiado ao juiz da cidade, que verificava a listagem, os valores, ia com seguranças até o Banco do Brasil, abria o cofre de aço junto com os guardas e a supervisora e punha lá o envelopão. Todo dia. Às oito da noite, quando a banca fechava. Juntava uma multidão na porta.

Quando o juiz saía, suspiros, sorrisos, mãos esfregando, assovios. Ele então dizia o subtotal até o momento.

"Oh!" "Meu Deus!" "É a minha chance!" "Vou ajudar tanta gente!" "Eu sumo e ninguém me vê!" "Ai, ai!" "Eu caio durinho da silva, dá até um medo!"

A inflação atingiu os vendidos, claro. Encontros secretos muitas vezes terminavam sem acordo, dados os exageros dos preços. Zagueiro, que costumava sair pelo valor de uma bicicleta, já pedia quase uma moto. Goleiro, então, que sempre fora um pouco mais caro – uma moto usada, digamos –, agora, por menos de um fusca não tinha negócio.

O pior é que os apostadores tradicionais tiveram que jogar muito mais do que o de costume para valer o retorno – proporcional à aposta –, tendo em conta o número de ganhadores que um dos resultados produziria. E outros, que apostavam médio, começaram a apostar alto.

A roda seguia.

Jogadores que nunca haviam sido procurados por serem insuspeitos – caixa de banco, escrevente, oficial de justiça, diretor de escola – começaram a ser abordados. E a se mostrar menos insuspeitos. E outros, que já tinham recusado propostas, começaram eles próprios a procurar os apostadores.

E tanto apostadores quanto jogadores multiplicavam seus lances: negociavam com vários ao mesmo tempo.

Mas tudo em segredo. Ninguém contava nada pra ninguém.

Reuniões de madrugada. Telefonemas sussurrados. Encontros fortuitos.

A cidade só falava e só pensava no jogo, nos prêmios. Mas fingia não dar importância.

"Deus é quem sabe." "Que vença o melhor."

Até que a bola rolou.

Casa cheia: além dos degraus de cimento de um lado e atrás de um gol, os barrancos, muros, terraços, janelas, escadas, postes, telhados e varandas lotados.

O juiz, o da Justiça, ficou na tribuna, que era uma cadeira da Skol perto do radialista, atrás do alambrado, na direção da linha do meio de campo. Um segurança de cada lado.

Mas o jogo, que começou pegado, foi ficando estranho. Escorregões, furadas, tropeções, chutes na lua. Todo mundo percebeu que a compra tinha passado dos limites. Que talvez todos tivessem sido comprados. O que inevitavelmente ia produzir uma grande frustração, porque quando empatava cada um pegava seu dinheiro de volta. Seria normal. Um consolo. Mas, tendo em vista a perspectiva de ganhar tanto com uma aposta simples, ou de ganhar um dinheirão com uma aposta alta, o empate começou a ser visto como o pior que poderia acontecer.

Os torcedores passaram a incentivar, torcer e apoiar o time no qual apostaram. Como não havia coincidência total entre os torcedores de um time e as apostas que eles fizeram, houve situações inusitadas: grupos uniformizados de um time xingando seus jogadores e apoiando os adversários. Dos dois lados, misturados entre si e com os que mantiveram nas apostas a sua preferência como torcedores.

Chato foi ver diretor de um time torcendo pelo outro. Desbragadamente. O pescoço vermelho, inchado, a glote exposta.

À medida que o tempo passava, e a bola pra lá e pra cá numa área restrita, feito uma bigorna que ninguém conseguia empurrar por mais de dez centímetros, a exasperação aumentava.

Os jogadores começaram a temer as consequências. Não só no empate nenhum deles levaria nada como ainda perigava apanharem, em função do clima criado.

Um goleiro chegou a pedir pro juiz: "Dá um pênalti contra mim que eu te dou uma parte do meu!". O juiz: "Eu tô comprado pra ajudar seu time! Não dá!".

E mesmo que ele quisesse, ninguém se aproximava da área adversária, não haveria lance pra pênalti. Só lateral, dividida, trombada, contusões demoradas, os mais espertos pediram substituição logo, ninguém mais sabia o que fazer.

Já anoitecia, não tinha refletores, aquilo virou um caldeirão de tensão sob a penumbra.

O meritíssimo, claro, percebeu. Olhou para o radialista, para os seguranças, para todos os que conseguia ver e concluiu que somente ele, na cidade toda, ou ao menos ali no estádio, não tinha apostado em nenhum time e nem comprado ninguém.

O que se passou em seguida no estádio e na cidade eu não sei. Há muitas versões, incluindo mortes, depredações, atropelos, suicídios, separações de casais, esganações, facadas e tiros. Gente que teria fugido deixando tudo pra trás. Um horror.

Só sei que, antes disso, no lusco-fusco, o juiz (o da Justiça) levantou-se pra ir ao banheiro, esgueirou-se no meio de todos, perto do portão deu um passo pra fora, saiu na rua vazia, pegou sua lambreta, foi ao Banco do Brasil, entrou valendo-se da autoridade judicial devidamente argumentada com os guardinhas, pegou os pacotes de dinheiro, pôs dentro dos malotes do banco, pendurou-os nos ombros, subiu na lambreta, agradeceu, entregou a chave do cofre.

E sumiu.

Uns falam que ele foi pro Caribe. Outros, que está no Rio. Uns juram que ele morreu e o dinheiro foi roubado. Tem até versão de que montou boate com mulheres e roleta no Paraguai.

Ele, de tempos em tempos, escuta uma dessas histórias.

E morre de rir.

■

MUDANÇA DE TIME

Indignação foi o mínimo. Teve agressão verbal, ameaça de linchamento, caras viradas, ofensas na internet.
— Mudou de time?
— Ficou louco?
— Tá de brincadeira?
— Vai to...
Ele nem aí. Resolveu. Apareceu na rua da vila, sábado de manhã, com a camisa do maior adversário. Sentou-se no boteco, como sempre. Os amigos riram, perguntaram se era trote, se era aposta, o que era.
— Nada. Mudei de time.
Todos sempre torceram pelo time que agora ele abandonava. Iam aos jogos. Eram sócios. Filiaram-se à torcida organizada. Álbuns, camisas, bandeiras, cartões de crédito, até a latinha de cerveja.
Depois do espanto, certificaram-se de que era sério. Houve um empurra-empurra barulhento, cadeiras levantadas, o pessoal da rua teve que intervir.
Ele se sentou de novo, sozinho. Os amigos foram embora olhando pra trás, vendo-o no bar com a camisa odiada.
Um deles não se aguentou. Quis correr de volta pro bar, com raiva. Os outros o detiveram. Ele, com lágrimas, vermelho, o pescoço inflado de veias, gritava:
— Não tá feliz, muda de sexo, porra! A gente aceita! Mas de time, não! Pelo amor de Deus!
Domingo a mesma coisa. Ele, na janela, vendo todos o apontarem. Pôs a camisa adversária e foi pro bar.
Outro corre-corre. Ligaram pro dono ameaçando pôr bomba no estabelecimento. Preocupado, o garçom pediu a ele que se retirasse. Ele parou na porta, fumou, alisou a camisa e seguiu pra casa.

Durante a semana, só silêncios e agressões virtuais.
Na sexta à noite, a mulher o procurou.
— Vou embora.
— Quê?
— Vou embora. Encontrei outra pessoa.
— Outra pessoa? Que história é essa?
— ...
— Seu ex-namorado?
— Não.
— O cara da autoescola? Eu vi ele se jogando em cima de você durante a aula.
— Não.
— ...
— É a Cleide.
— Como a Cleide?
— A Cleide. Do salão.
— A Cleide é mulher! Tá doida?
— Não. É do que eu gosto. Sempre desconfiei. Assumi.
— De mulher? Você gosta de mulher?
— Gosto. A Cleide também. Resolvemos morar juntas.
Ela saiu e ele ficou atônito.
Não dormiu.
No sábado cedo apareceu no bar com a camisa do antigo time.
Os amigos olharam, se aproximaram devagar, perguntaram, foram se certificando, até terem certeza.
Deram-se um abraço enorme.
— É assim que se fala!
— Ê, companheiro!
— Sempre unidos!
— Brinda aqui!
— Quase nos matou com essa doideira!
Sentaram-se. No silêncio dos goles aproveitou e disse.
— Mas tem uma coisa.
O olhar de todos, mãos nos copos, copos nas bocas.
— Vou mudar de sexo.

CATIMBA

O negócio dele é fazer cera.

Só entra no fim, quando o time está ganhando e precisa segurar o jogo.

Orgulha-se: "Administro a partida!", diz, como quem apresenta uma profissão ou cargo complexo.

Demoras na cobrança de faltas e laterais, quedas com dores, empurra-empurra, reclamações, toquinhos, paradas para arrumar as meias e as chuteiras, simulações — a coleção completa.

Usa com enorme competência as expressões e os gestos de quem encarna os personagens e as situações.

Aliás, tal como um ator, prepara-se muito. Ao longo da semana ensaia cenas que podem ser usadas. Muitas vezes divulga entre conhecidos que é dúvida por conta de uma contusão — criando veracidade para atendimentos médicos no domingo.

Nem participa com os demais de toda a preparação normal. Faz com eles o aquecimento, o dois toques, um pouquinho do coletivo. Depois reúne uns auxiliares e começa o ensaio: trombadas, gritos, socos, faltas de ar, tonturas, caminhadas arrastadas, toquinhos inúteis pra trás e pros lados.

Chega a crer em muitas das falsas contusões que sofre nos jogos — a ponto de alguns atendimentos médicos urgentes terem se realizado de fato. Só na hora dos exames é que ele e o doutor se lembram.

"Uma vez administrei uma partida histórica...", e enche de detalhes e orgulho a narrativa pros amigos.

"Quando eu comecei não era fácil..."

"Meu recorde foram trinta e sete minutos de bola parada, somando tudo — e entrei quando faltavam vinte pra acabar o jogo!", os olhos dos ouvintes famintos, lábios pendentes.

"Já veio gente de fora pra eu preparar."

"Pus a bola debaixo do braço e..."

"Um juiz chegou a me visitar na segunda pra ver se eu estava bem."

"Cicatrizes, hematomas – acho que é somatização, meu trabalho é muito verdadeiro."

"Fora goleiro, não escolho posição."

E não se limita aos truques clássicos. Já vomitou em campo; iniciou diálogo com o juiz fingindo transtorno grave ("Por favor, que jogo é esse?" e, depois da resposta, "Mas é futebol, né?"), o que fez a arbitragem parar tudo, assustada; agarrou-se ao bandeirinha babando no seu ombro por causa de "tontura"; caiu junto com o goleiro adversário dentro do gol e produziu um grande enredamento duplo que exigiu chamar especialistas para soltá-los; furou bolas com estiletes até o jogo acabar por falta delas; fingiu intoxicar-se com a cal numa queda no meio de campo; sofreu cegueira momentânea; combinou com um amigo para atender ao celular no alambrado e chamá-lo alegando que a mãe passava mal: ele atendeu, falou, chorou, os adversários e árbitros o consolaram, até que ele recusou a proposta de adiamento da partida: "Sou profissional, o jogo tem que continuar", disse aos soluços; jogou insetos e larvas no gramado para enchê-lo de quero-queros; num ataque perigoso do oponente, deu uma cutelada no pescoço do seu próprio goleiro, que caiu agonizando e a jogada foi paralisada.

Um artista.

Ou, na sua própria avaliação, um gênio.

Acha que um dia vão reconhecer seu talento à altura.

Um busto, medalhas com seu rosto, nome de sala, alguma homenagem.

Mas o que ele mais quer é outra coisa.

Seu sonho é, uma vez só ao menos, iniciar um jogo. Noventa minutos para administrar, reger, comandar, fazendo uso do largo repertório conforme cada situação, ditar o andamento, o tom, o enredo.

O astro central. Do começo ao fim. O maestro. Orquestra e público sob seu controle.

Aposta que quase não haveria jogo. Que tudo se arrastaria sem que nada de importante acontecesse.

No apito final, todo mundo estaria absolutamente limpo, seco, inteiro, descansado.

Só ele um caco, estropiado, sujo, marcado, suado, mancando, roxo, arranhado, rasgado, sem fôlego, cuspindo, apoiado nos ombros do médico e do massagista e segurando, realizado, o Ipad de melhor em campo.

■

JOGANDO POR MÚSICA

Domingo cedo, indo pro jogo na caminhonete, todo mundo no samba. Ele ia calado.
Na volta, se vencessem, a mesma coisa. Cantoria e batucada.
Ele, uma estátua. Assim continuava no bar o resto da tarde.
Mas, durante o jogo, cantava. Serestas, sambas-canção. Clássicos românticos e boêmios. O jogo todo.
Os adversários estranhavam. A torcida ao redor do campo, também.
Mas com o passar do jogo se acostumavam.
Não cantava alto. Nem baixo. Dava pra ouvir no campo quase todo.
E a voz dele era bonita. Um tenor macio, lírico.
Às vezes, a mesma música o jogo todo. Às vezes, uma em cada tempo.
Ficava repetindo, alheio aos gritos, reclamações, impropérios e falas dos demais jogadores e da torcida.
Meio-campo clássico, parecia reger seus passos e passes pelo andamento da melodia, pelos agudos e graves, pelas pausas.
E jogava muito. Sem ele, o time era fraco. Com ele, dominava, impunha o ritmo, criava chances, fazia gols, vencia quase sempre.
Como um maestro fazendo todos jogarem o melhor de si.
Não podia era acontecer de ele esquecer um pedaço da letra.
Quando acontecia, era uma tragédia. Ele parava onde estivesse e ficava repetindo a frase anterior da letra, coçava a cabeça, olhava pro alto, fechava os olhos, sussurrava de novo o verso anterior, e nada.
O jogo seguia e ele ficava parado onde estava.
Se lembrasse, retomava o jogo como se nada tivesse acontecido.
Se não, ficava ali – ninguém o tirava porque ele poderia se lembrar a qualquer momento e isso mudaria o jogo.

Mas algumas vezes embatucava no verso, que sumia e não voltava. E aí era o desastre. O time desandava e perdia feio.
No começo era muito raro. Mas de uns tempos para cá vinha acontecendo com mais frequência. Lá pelo meio do segundo tempo, músicas tantas vezes cantadas, tantas vezes repetidas, falhavam.
E então a tragédia: ele parado, coçando a cabeça, mexendo os lábios, os olhos pra dentro e pro alto, repetindo o verso antecedente – e tome gol do outro time.
O que o pessoal começou a fazer foi aprender as músicas que ele mais cantava. Todos se puseram a decorar a maioria delas. Depois do treino, ensaiavam com o técnico, que distribuía as letras impressas para todos.
Eles iam pro jogo com o papelzinho nos bolsos se precisassem colar.
De modo que, havendo a parada na canção, alguém por perto já lhe soprava o verso faltante: "da mulher, pomba-rola que voou", "me acompanha o meu violão", "mas tu não flertaste ninguém", "que o meu lar é o botequim", "respeite ao menos meus cabelos brancos", "jurar, aos pés do onipotente", e pronto, ele retomava e seguia, cantando e jogando.
O problema é que agora ele surgiu com uma canção que ninguém conhece.
E a canta, a mesma, em todos os jogos. Os colegas prestam atenção, tentam decorar, já pesquisaram trechos na internet, mas nada. Só ele sabe a letra, enorme, complicada, meio sem sentido. Mas linda.
Todos ficam encantados.
Talvez seja a mais bela de todas que ele já cantou.
Será composição dele?
Não ousam perguntar.
O fato é que, com a nova canção, ele tem jogado cada vez melhor.
Com isso, são jogos e jogos com vitórias seguidas – e muito samba na caminhonete e no resto da tarde.
Mas todos com um medinho lá no fundo: essa, se ele esquecer a letra, ninguém vai conseguir completar.

PARADA

— Põe o Parada.
— Quê?
— Por que não?
O apelido vinha da sua data de nascimento: 7 de setembro. Quando pequeno, era feriado, tinha desfile, festinha, presentes. Nos ombros do pai, batendo palma. Banda, cavalos, canhões, soldados. E balas, umbelas, brilhos, bolos, embrulhos. Um dia de aeiou! E ainda tinha os parabéns! Nunca deixou de ir. De primeiro, desfilando pela escola, às vezes no repique. Depois, na calçada, na ponta dos pés, numa janela, andando entre as pessoas, seguindo as tropas.
Em casa, era sagrado, de manhãzinha:
— Mãe, vou pra parada!
Ela já sabia. E se orgulhava.
Acontecia de haver jogo no mesmo dia. Mas nunca teve problema no time. Era terceiro reserva. Podia faltar.
— Dia 7 não posso, professor.
O professor já sabia. Mas não ligava. Ele nunca jogaria mesmo. Só numa catástrofe.
Era o caso agora. Titular e reserva machucados. O volante, que podia cobrir, expulso, outro com três cartões, o juvenil tinha viajado.
— O Parada?
Beque central ainda por cima. Magro, baixo, mas era onde sempre treinou.
Gostava. Achava mais imponente. Sentia-se ornado, cheio de ombreiras, galardões, medalhas e espadas, chefiando o território da grande área, comandando os laterais e o quarto-zagueiro.
Isso no infantil, nas peladas, no juvenil.

No time de cima, só integrava a preparação física. No coletivo ficava olhando. Queriam dispensá-lo. Mas, caramba, o Parada era do bem. Deixa ele aí. Uma hora ele desiste. Mas não. E agora a situação. Sem ele, não tinha zaga pra jogar. E o jogo era que dia? Dia 7 de setembro.
— Professor,...
— Parada,...
— ... domingo...
— ... precisamos ...
— ... não p...
— ... de você na zaga!
A cabeça dele rodou. Titular? Sim. No duro? Sim. Desde o início? Sim. Vai ter foto do time antes do jogo? Sim. Braços cruzados? Sim. A cabeça rodando. Os pratos. As cornetas. Os taróis. A grama, a grande área, a organização da tropa defensiva e do contra-ataque.
Mas — e o desfile, o aniversário, os parabéns?
Não tinha mais os ombros do pai — mas os brigadeiros que a mãe fazia, mas o bolo, mas as trompas, mas o apito, mas o aniversário?
Era dia de fardas, de festa, de fitas, de fotos, desfrute.
— De capitão, professor?
— Não, Parada. De capitão não dá.
Rodou quarteirões a pé. Chutando pedrinhas. Pensativo, cabeça baixa.
Mas feliz: "Que sorte! — se ele me dá a faixa de capitão, eu ia perder o desfile".

■

DE SAPATILHAS

Igualmente magro e alto, ele tinha visto uns lances do Sócrates e começou a dar passes de calcanhar. Errava feio (o passe e, muitas vezes, a própria bola), mas fazia o *tendu* elegante como o Doutor. Mais lances ele via na TV, mais ele imitava. Pelo alto, rasteiro, pra frente, pra trás — às vezes, virava-se só pra executar o passe. Errava todos. Travava o ataque. Matava as tabelas. O pessoal da pelada foi se enchendo. Ele insistia. Reclamavam. Nada. Xingavam. Nem aí. Ameaças. Seguia tentando. Até que um dia ele conseguiu o espantoso.

Do meio de campo, de costas para o seu ataque, recebeu a bola, abriu as pernas e, sem virar a cabeça — afinal, era um bailarino —, de primeira, deu o passe de calcanhar certeiro qual uma tacada de sinuca.

A bola foi como um rastilho em meio aos adversários e encontrou o atacante lá na área se deslocando na cara do gol — foi só tocar e sair, com todo o time, atrás do autor do passe para abraçá-lo.

Mas ele, blasé, fez que não ligava. Recusou os abraços. Afastou-os com o olhar e os gestos severos.

E parou.

Nunca mais tentou o calcanhar.

Ninguém entendeu.

Todos supunham que ele queria deixar imortalizado o lance. Como se qualquer novo erro viesse a esfarelar a obra-prima.

Mas não perguntavam, temendo que ele voltasse com a mania.

■

É TUDO VERDADE

Foi há muito tempo.
E por acaso.
Aconteceu aos poucos. Uns de fora, outros dos aspirantes e alguns que com o tempo pediram pra não usarem os apelidos – e com razão: "Bostinha", "Três-Pernas", "Defunto" e "Burrão", dizem, são só alguns exemplos publicáveis.
Quando se viu, o time da cidade tinha, em dado período, Jesus, Moisés, Jeová, Abrão, Isáqui, Ismael, Oziris, David, Dionísio, Marramédi e o goleiro Brahma (o único que manteve o apelido, derivado do hábito alcoólico e do número da camisa). Sem contar o massagista, que, careca e gordo, ganhou o epíteto de Buda.
Faltava só um Kardec – fisicamente, ao menos.
O time inspirava respeito. Porque era bom e porque todos evitavam ofender os jogadores. Nunca se ouviu um "vai tomar no..., (um dos nomes acima)!".
Poderia até ter feito história.
Mas durou pouco.
Quase não há registro.
Há alguns recortes marrons incompletos. Uma foto sem identificação dos jogadores na casa do avô do dono do bar. Mas muitos oralmente repassam a verdade ou a lenda – contando com a fé dos ouvintes.
É o meu caso, que reproduzo tal como ouvi de um deles.
A parte principal é a do jogo decisivo em que o time estava tomando um passeio de, digamos, 6 X 1.
Perplexa, sem ter como reagir, a torcida resolveu rezar, orar, suplicar, rogar, implorar, prometer, pedir, meditar – em suma, usar todas as formas que eles conhecessem de lançar suas preces para virar o placar nas religiões evocadas pelos nomes dos jogadores.

De joelhos. Mãos postas. Olhos fechados. Mãos elevadas. Sinais. Ritos. Balbucios. Até umas velas acesas e imagens erguidas foram vistas.

Muitos perceberam que aquilo era estranho. Que a imaginação e o desejo confundiram a razão das pessoas. Mas aderiram, porque a humilhação era grande e não custava tentar.

Não só não adiantou como no meio do segundo tempo um dos jogadores, irritado com os demais, esbravejou e fez um gol contra de propósito: 7 X 1!

Há versões para todos os gostos e orientações quanto a quem teria cometido o ato.

O certo é que, em meio ao sagrado e transcendental silêncio dos espectadores — as mãos unidas, as faces para o céu —, quebrou o maior pau.

No próprio time. Porrada, cuspe, chave de braço, cabeçada, gravata, balão, pontapé, areia no rosto, unhada, joelhada na costela — o espanto dos adversários e dos torcedores impediu qualquer intervenção. A violência aumentava mais e mais e parecia que não ia parar.

Mas parou. Foi parando, parando, parando e parou.

Mas ali acabou o time.

Todos foram embora. Ninguém falou do assunto por muito tempo.

E só recentemente é que o episódio ganhou curso, com lembranças ou ilusões que um veterano torcedor externou num evento qualquer.

Muitos ainda garantem que é mentira.

Eu acredito.

Vocês, só se quiserem.

■

VISÃO DE JOGO

Tinha bebido muito, mas foi jogar assim mesmo. Água fria na nuca, cravo na boca, óculos escuros. Trocou de roupa num canto, escondendo-se para não perceberem. Subiu o barranco devagarzinho, bem depois dos outros. Nem bateu bola. Ninguém notou. Ele próprio achou que já estava são. Só que bola pra lá, bola pra cá, vira a cabeça, corre, o álcool foi subindo. E bateu forte justo quando ele recebeu o lançamento sozinho, a bola lá adiante, era correr, dominar e guardar.

No arranco, deu o branco na vista, o suor gelou, a corda nos pés, tropeçou, começou a catar cavaco, com o tronco inclinado pra frente, rodando e abrindo os braços pra se equilibrar, mas só conseguiu, com grande esforço, elevar rapidamente o peito e jogar violentamente a cabeça pra trás – e caiu assim: ajoelhado na meia-lua, o rosto pro céu, os braços abertos.

A bola parando perto da pequena área.

O tropel dos outros se aproximando.

Todo mundo em volta.

Ele podia se levantar. Mas se manteve na posição. Pálido, olhos estrelados, gemas pretas, claras vazadas, empapado, gélido.

Sentiu que, se tentasse, cairia. Vomitaria. Desmaiaria.

E tomaria um cacete monumental.

Antes que pensassem muito, gritou:

– Uma visão!

Zun-zum, passos pra trás.

De novo, olhos ao alto, com a voz embargada e ainda mais forte:

– Uma visão!

Alguns já se assustavam. Outros desconfiavam. Ele emendou, na mesma posição, em meio a lágrimas:

– Eu vi Nossa Senhora Aparecida e Jesus de Nazaré!

O coro de "o quê?" foi quase uníssono nos da frente, com ecos em ondas nos de trás.
— Um clarão! Deus Nosso Senhor!
Todos começaram a se ajoelhar e olhar para o céu. Faziam o sinal da cruz e o em nome do pai.
Ele sentiu que acertara. Chorava muito, soluçava:
— Perdoai-nos, pecadores, ó Pai!
Muitos já aos prantos.
Viu que já dava. Deixou-se cair pra frente, a cara no barro, os braços abertos.
E ali ficou quase uma hora, até acabar o fogo.
Quando se levantou, todos ainda estavam ali, ajoelhados, olhando-o, fazendo perguntas, descrevendo.
Ele fingiu não saber de nada: "Não me lembro", "Não sei", "Cê tá brincando!", "Conversa fiada!".
Bateu as mãos no uniforme, esfregou o rosto, olhou os demais, fez sinal para que se levantassem e conclamou:
— Vamos pro jogo!
E todos o seguiram.

JOGO DE CENA

Você pode não acreditar. Mas eu vou te contar como foi. Quando começou a chover, estava três a zero pra eles. Três bobeiras nossas – um timinho fraco daqueles, juntado no bairro, não tinha como vencer o nosso.
A gente joga junto há um tempão. Você sabe. Não tem roça, várzea, e até estádio mesmo, da região em que a gente não tenha jogado. E bem: estávamos invictos havia meses.
Mas foram três bobeiras em dez minutos.
Fomos pra cima, pra massacrar.
Aí começou a chuva. Mas não começou fraquinha e depois aumentou. Não. Foi uma pancada só, de uma vez. Uma enxurrada forte, grossa, desabando do céu.
Parecia um basculante, não, mil basculantes de areia entornando a carga em cima do campo.
Sumiu quase tudo da visão. A terra embaixo virou barro, lama, poça, pântano. Cada passo afundava a perna até a canela.
Mas a gente seguiu. Parar significaria derrota.
Só que a chuva, a inundação, o mangue, tudo piorava rapidamente.
Alguém deles gritou e pediu pra parar. Do nosso lado gritaram que não. Que o jogo seguiria. Jogo é pra homem, parar é coisa de maricas, essas coisas.
Mas nem era jogo mais. Era uma andança de zumbis no meio do nada, se arrastando sem saber pra onde, caindo, enchendo a cara de barro, engolindo sujeira espessa, os olhos e as orelhas entupidas daquela gosma.
Nem se via mais a bola. Na verdade, nem se sabia se ela ainda estava em campo. Ninguém sabia de nada.
Foi aí que alguém gritou: "Quem tá com a bola?".
Ninguém respondeu.

Juro que não sei como, nem pensei antes de falar, mas resolvi gritar: "Tá comigo!".
"Onde?"
Eu jogava na frente, e tinha ficado lá quando a chuva começou.
"Aqui, na área, vou fazer o gol!"
"Faz logo, faz logo!"
"Gol!", gritei. "Gol!"
Escutei meu time vibrar. O outro time começou a reclamar um com o outro: "Por que não marcou direito? Volta pra ajudar! Ô, frangueiro, vai entregar, vai?".
Vi que dava certo. Comecei a comandar: "Pessoal, vamos virar!".
A chuva agora era mais do que areia. Era cimento, pedra, cal, tijolo, nos soterrando debaixo de um pesadelo de muitos andares.
Todo mundo se movendo a esmo, quase surdos com a barulheira das chicotadas da chuva, os pés afundando, os esguichos, o movimento movediço de alucinados cegos na escuridão encharcada.
Mantive a voz: "Isso, Matozin, ali na direita, o Sossô tá livre! Boa! Cruza, Sossô, tô desmarcado! Beleza, bolão! Gol! Gol!".
Meu time percebeu, claro. E entrou no jogo. Cada um cantava sua jogada: "Vai, Pirão! Cobre a esquerda, Zeto! Lança pro Jungo, rápido!". Era eu: "Gol! Gol! Gol!".
Vibração. Gritaria.
O time deles, que estava se xingando sem parar, percebeu. Quer dizer, um deles percebeu e gritou: "Três a três! Quem fizer ganha!".
Animados com o domínio da situação, topamos: "Vamos lá. Quatro acaba".
Aí é que ocorreu o que eu não esperava. Rapidamente, no meio do barulho dos pés no barro, do estrondo da catarata que se despedaçava nas nossas cabeças, o carinha deles gritou: "Pênalti! Pênalti!".
"O quê?", gritei.
"Me puxaram na área, rasgaram minha camisa. É pênalti!"
Fiquei atordoado. Meu time também. Ninguém falava nada.

Não podíamos duvidar. Tentei pensar em alguma coisa, mas não deu tempo. O cara anunciou: "Vou bater!". Nosso goleiro, no embalo, mandou: "Pode vir! Pode bater!".

Bom, aí se deu a confusão. O jogador deles começou a comemorar alto: "Gol! Gol! Gol!". Mas, junto com ele, nosso goleiro, no mesmo tom, dizia: "Peguei! Peguei! Peguei!". E puseram-se a discutir aos berros. "Pegou nada, é gol, tá lá dentro!" "Peguei sim, olha a bola na minha mão!"

Todo mundo passou a se xingar, mas sem se ver, sem ver nada, falando e gesticulando no escuro, como se os olhos estivessem virados pra dentro, como se estivéssemos debaixo da terra, no fundo do mar, dentro de uma caverna ou de um poço.

Então a chuva começou a diminuir.

Foi se diluindo, enfraquecendo, aliviando, a claridade se insinuando no meio dela, invadindo o campo – e de repente explodiu: abriu os olhos de todos, o dia se escancarou, tudo estava claro, amarelo, branco, a luz quente do sol nas cabeças.

E o que se viu foi todo mundo completamente enlameado, como se usássemos armaduras, com os pés fundos na lama, alguns deitados, outros sentados, meia dúzia fora do campo, agarrados a uma árvore.

Conferimos, contamos. Todos estavam lá.

Menos a bola. Demoramos a achá-la, depois de escavar o campo todo.

Bom, e o jogo?

Ninguém passou recibo.

Ninguém falou nada.

Era como se tudo de fato tivesse acontecido.

Mas havia a questão do pênalti. Entrou ou o goleiro pegou?

Quem tocasse no assunto desmontaria tudo. A farsa estaria desfeita.

Raciocinei rápido. Eram três gols inventados pra nós e um só pra eles. Valia a pena. E nosso time era muito melhor. Propus: "Pessoal, quatro a três. Agora que tá sol, vamos queda de cinco?".

Todo mundo topou.

Mas não deu.
Nosso goleiro não aceitou de jeito nenhum.
Ficou indignado.
Juntou suas coisas e saiu reclamando: "Peguei o pênalti, caramba! Peguei. E vocês dão gol?". Parados, nós o vimos se afastar tirando a lama do rosto e do corpo.
De longe ele ainda se virou e gritou: "Defendi, entenderam? Defendi o pênalti! Se quiserem, joguem sozinhos!".
E foi embora.
Aí, lógico, não deu mais. Acabou o jogo.
Foi assim que perdemos.

SEM PERDÃO

Jogavam o time da casa e o visitante, fraquíssimo, chamado São Francisco. Era só ganhar pra ir pra semifinal do torneio intermunicipal. O sacristão da cidade, que nunca ia a jogo nenhum, mas era devoto justamente de São Francisco, foi ao campo com a imagem do santo nas mãos. Ficou quieto, passando a mão na cabeça do seu protetor. O pessoal achou esquisito, mas fez que não ligava. Só que a irritação se instalou com o gol adversário. Depois outro. Dois a zero. Começaram a xingar o coitado, a empurrá-lo. Ele, com os olhos vermelhos, ergueu a imagem pros céus e começou a cantar: "Onde houver ódio que eu leve o amor", três a zero!, veio o primeiro tapa – ele balançou e aumentou a voz: "Onde houver ofensa que eu leve o perdão", os cascudos violentos surgiram aos montes, pontapés, ele gritava: "Onde houver discórdia que eu leve a união", quatro a zero! Até que virou chacina, ele caído, abraçado ao santo, a polícia chegou e o pessoal correu – mas ainda teve o quinto gol: cinco a zero!
São Francisco, zebra total, classificado! O time da casa, favoritíssimo, eliminado.
Dois cabos carregaram o coitado cheio de sangue – com o santo grudado ao peito – e contam que ele ainda balbuciou que perdoava para ser perdoado e que ali começava sua vida eterna.

■

UM, DOIS

1.
Ele não era importante na charanga: tocava reco-reco. Quase não era ouvido perto do tarol, do pandeiro, do pistão e do surdo na animação da torcida – que eram só algumas dezenas de espectadores nos degraus atrás do alambrado.
Mas jogo sem ele era sem graça. É que toda vez, no meio do segundo tempo, ele, fraco, magro, calado, largava o reco-reco, pedia silêncio e fazia o que era a atração principal, muito maior do que o jogo e a charanga.
Paravam todos para ver e ouvir. Jogadores, juízes, torcedores, charanga, tudo.
Ele punha as mãos em conchas ao redor da boca e soltava o grito do Tarzan do Johnny Weissmuller. Aquilo levava uns vinte segundos. Ecoava ao redor do campo, reverberava nos morros, alertava pássaros e motoristas longínquos, dividia a tarde ao meio.
No final, abria a camisa e dava socos no peito magro.
Depois, o jogo, o reco-reco, o resto da tarde, agora mudada.
Era o que valia a pena.

2.
Não era o mesmo campo da história acima, mas muito parecido, numa cidade próxima.
O sujeito era agrimensor, vindo da capital para obras na região. Tornou-se autoridade local pelo respeito à sua sofisticada tarefa nas ruas, estradas, fazendas.
Viam-no com o teodolito para todo lado, demarcando fronteiras e rotas, resolvendo pendengas de divisas, delimitando e mapeando o que era ignorado ou contencioso.
Aos domingos, assíduo nos jogos, começou a ser consultado sobre impedimentos duvidosos porque uma ameaça de lincha-

mento do bandeirinha se dissipou quando ele interveio e disse que o auxiliar estava certo. Bastou: anulou-se o gol e ninguém discutiu.

Nos muitos meses em que ficou por ali, até que as obras o levassem para outra região, era obrigatório, nos jogos, que o juiz e os bandeiras, na dúvida, olhassem para ele, sempre sentado no degrau mais alto, na linha do meio de campo.

Ele fazia o sinal com o polegar, para cima ou para baixo, para validar ou não a decisão do bandeirinha.

E ninguém discutia.

O problema foi quando ele partiu. Na primeira partida, numa polêmica, lincharam o bandeirinha. Ninguém mais quis exercer a função.

Até hoje, me dizem, jogam sem bandeirinhas. O juiz deixa que os jogadores se entendam. Não havendo acordo, acaba o jogo.

■

PRA FORA

Morava numa pensão ali em frente. Era feriado, almoçou tarde, andou um pouco e resolveu entrar no estadiozinho. Nem gostava muito, mas se distrairia.

Sentou-se no cimento, o campo quase sem grama, os times entrando aos poucos, e viu que só havia ele assistindo. Mais ninguém.

Certamente chegaria mais gente. Da pensão sempre via ao menos umas dezenas entrando e saindo.

Mas não.

Hora de começar o jogo e ninguém nos degraus, só ele.

Tinha pensado em ficar uns minutos e sair. Mas agora não tinha jeito. Sentiu-se responsável: aprumou a postura, fixou os olhos mostrando interesse, não podia fingir que não estava ali.

O jogo morno, arrastado.

Mas ele começou a aplaudir um lance aqui, a dizer "boa!" pra uma jogada ali, a incentivar os dois times.

Levantava-se: "Vamos, vamos!"; "Chuta!"; "Abre na direita!"; e até um "uh!" num chute que passou mais perto.

Os jogadores foram se animando. Tinham cochichado, antes de começar, que devia ser maluco: sozinho, naquele sol, no feriado, vir assistir a um jogo que não valia nada.

Mas, com os comentários e incentivos, começaram a se dedicar. A jogar para ele. Faziam um lance e o olhavam, como se buscassem sua aprovação. E viam-no cada vez mais envolvido, entusiasmado, assoviando, batendo palmas: "Toca mais a bola!"; "Volta pra marcar!"; "As costas, as costas, cuidado!" – para os dois times.

Até que soltou, muito alto, sem pensar, um "seu filho da puta!" pro centroavante que furou na cara do gol.

Todos pararam e o olharam. Ele estava alterado, vermelho.

E então se deu conta. Estacou. Sentiu o impacto.

Estranhou-se como se saísse de um transe que o tomara aos poucos.
Olhou em volta. Vazio. O campo. Os jogadores.
O eco do palavrão ainda reverberava, subia, batia no sol e descia como uma bigorna.
Sentou-se desajeitado. O jogo recomeçou lento.
Minutos depois, ele se levantou, foi saindo aos poucos, cabeça baixa, passou pelo portão, foi embora.
Os jogadores ficaram espiando sua saída. Mantiveram os lances devagar checando se ele mudaria de ideia. Depois, pararam e esperaram pra ver se ele voltaria.
Ã-ã.
Só o sol, o silêncio e o vazio.
E desistiram.
Acabaram o jogo — não tinha juiz mesmo, eles é que resolviam.
Mas não perdoaram o centroavante, que foi sendo xingado por todos até o vestiário.
Quer dizer, o barraco atrás do gol.

GOL DE HONRA

Comecinho de jogo.
— Volta!
Ele olhou espantado.
— Volta!
Era com ele mesmo.
Centroavante, retornava caminhando depois do ataque perdido. E iria somente até a intermediária do outro time, ou até o meio de campo, no máximo.
O rapaz gritava com ele:
— Volta pra marcar, porra! Vai ficar olhando?
Parou. Mais de dez anos jogando ali. Artilheiro. Capitão. Nunca ninguém ousara algo parecido. Nem técnico, nem torcida, muito menos jogador.
O rapaz, zagueiro, era novo no time. Filho de um morador recém-chegado ao bairro.
Não voltou. Pôs as mãos na cintura e ficou olhando.
O rapaz foi envolvido pela tabela dos adversários, tentou bloquear o nove, chegou tarde, caiu, gol deles.
Levantou-se bufando e viu o centroavante lá na frente, assistindo. Foi andando firme em sua direção. Parecia decidido a enfrentá-lo.
Jogadores, torcida, juiz, técnicos, todo mundo olhando.
Parou na frente do atacante. Ia abrir a boca para xingá-lo e movia as mãos para pegá-lo pela gola.
O outro foi mais rápido. Segurou-o pelos punhos, apertou-os de forma dolorida, colou o rosto no dele e berrou:
— Sabe quando eu vou voltar pra marcar? Sabe? Nunca!
A saliva espirrou no rosto do rapaz.
— Aqui eu faço é gol! Vocês lá atrás marcam! E os do meio me passam a bola para eu fazer gol!

Pôs-lhe o dedo no meio dos olhos.
— Entendeu?
E deu-lhe um empurrão violento.
O jovem olhou em volta. O silêncio de todos parecia dar razão ao centroavante.
Ainda tentou, intimidado:
— Mas, gente. Futebol moderno é assim. Todo mundo tem que ajudar na marcação. Senão dá nisto: gol deles. Não viram?
Ficou claro que não tinha entendido nada.
O goleiro foi lá puxá-lo de volta. Mas ele ainda insistia:
— É jogo coletivo, gente.
O pai, do lado de fora, abaixou a cabeça, entrou em campo, pegou-o pelo braço:
— Vem, filho, vamos embora.
— Mas, pai.
— Vamos, filho, vamos.
E virando-se para o centroavante:
— Desculpa aí. Ele é novo. Fica vendo esses jogos na TV. Desculpa.
Não tinha ninguém para entrar na vaga. Jogaram o tempo todo com dez.
E o centroavante seguiu sem voltar para marcar.
Perderam feio: seis a um.
Mas o gol foi dele.

QUINTA DOS INFERNOS

Sempre dois dias antes do Carnaval havia o jogo. Bêbados e vestidos de mulher, no meio da rua, pra depois saírem no bloco. Esposas e filhos na calçada, com vergonha ou se divertindo. Marmanjos com saltinhos, saias, batons, lingeries, cabeludos, barrigudos, com latinhas nas mãos, fingindo trejeitos com a grossura aumentada pela bizarrice.

No jogo de uns anos atrás, a mulher de um deles percebeu que o marido — armário negro de quase dois metros, beque central do time da cidade — olhava muito pro professor de inglês que atuava de goleiro. Branquelo, sem pelos, de vestidinho de alça, deixava as coxas nas fendas e — o marido em casa alegou que era muita cachaça, que não se lembrava, ou que estava zoando, que era macho e não admitia tal insinuação — mesmo para ela parecia meio feminino.

Quando ela o viu comemorando gol com um abraço esquisito no goleiro — e eles eram de times diferentes! —, pegou as crianças, invadiu a rua, puxou-o pelo braço e começou a arrastá-lo. Fingiu que não o viu com os lábios na mão assoprando o beijo.

Ele só saiu de casa na Quarta-Feira de Cinzas. Nunca mais participou do jogo nem do bloco. Nem ia assistir. E sentou o braço em dois ou três que, nesses anos de ausência, vieram com indiretas.

No ano passado, resolveu e foi ver os amigos na pelada. Na calçada, com a cerveja na mão, viu o goleirinho lá, com fantasia de diabinha.

Depois do Carnaval, sumiu da cidade.

O que os parentes contam hoje é que ele está jogando num time maior, de zagueiro e capitão, em outro estado.

Mas o fato é que também nunca mais se viu o tal professor.

∎

UMA VEZ FLAMENGO

"Flamengo, Flamengo, tua glória é lutar!
Flamengo, Flamengo, campeão de terra e mar!"
Nos bailes de Carnaval as bandas sempre tocavam o refrão do Hino Oficial do Flamengo pra demarcar a mudança de um bloco de músicas pra outro.

Flamenguistas vibravam. Quem não torcia pro time cantava do mesmo jeito.

Mas tinha quem não gostava. Fechava a boca, parava de pular e aguardava a nova sequência.

Um deles, mais radical, é um amigo meu.

Botafoguense até a medula, de andar com a camisa, ter escudo no carro, pegar excursão pro Rio pra ver jogos sem importância no meio da semana, discutir no bar, cumprir superstições e gozar e ser gozado até o limite com os resultados do time.

Não bastasse, o time que ele mais detestava era o Flamengo. Ainda mais a partir dos anos 1970, início do auge do rubro-negro e da seca do Fogão.

Pois bem.

No Carnaval, ele ia sempre com o uniforme completo do Botafogo, incluindo as chuteiras – todas as noites, todos os anos.

Pulava e dançava com imensa alegria.

Mas emburrava na hora do refrão. Chegava a sair da pista, ir ao banheiro, ao balcão do bar, até pra rua ele ia. Mas voltava, pulava, cantava – e a banda, daí a pouco, atacava de novo o refrão fatídico.

Chegou a reclamar com a diretoria do clube. Ameaçou se desassociar. Teve uma vez que chamou o maestro pra negociar antes do Carnaval. Sem sucesso, claro.

Até o ano em que, na primeira noite, assim que a banda iniciou o estribilho e ele trincou o rosto, a morena piscou pra ele.

Maravilhosa, de short branco, com a camisa do Flamengo sem mangas, decotada e cortada no umbigo.
Ele parou e olhou pros lados.
Era com ele.
Ela estendeu-lhe os braços e o convocou dobrando os dedos das mãos.
Mal acabou o refrão e estavam abraçados.
A orquestra, que terminara a sessão de marchinhas animadas, fez dois segundos de pausa depois do refrão e mandou "bandeira branca, amor, não posso mais...".
Beijaram-se.
Listras brancas, pretas, brancas, vermelhas, pretas e brancas enrodilhadas como serpentinas.
E cantaram juntos "pela saudade que me invade eu peço paz".
Até o final desse bloco de músicas mais lentas não se desgrudaram.
As cores misturadas, molhadas, trançadas num só tecido.
Então veio de novo o refrão com os sopros explodindo: "Flamengo, Flamengo...".
Ela emendou, olhando nos olhos dele: "Tua glória é lutar!".
Ele pôs os braços pra cima, abriu o sorriso, os sopros repetiram: "Flamengo, Flamengo...".
Ele completou, soltando os pulmões: "Campeão de terra e mar!".
E assim os dois a noite inteira, e no domingo, na segunda e na terça-feira gorda.
Depois?
Ela era de fora, sumiu, ninguém conhecia.
Nunca mais os brancos, os pretos, vermelhos.
Nunca mais cores.
Só cinza.
Nunca mais seus olhos, seus braços.
Seus beijos. Sua carne.
Só quaresma.
Ele deixou de ir aos bailes.
E não quis mais saber de futebol: não vê, não ouve, não discute.

Sozinho, passa a vida quase sem conversar.

Outro dia me disse – para meu espanto e sob minha promessa de não falar pra ninguém – que na casa dele tem uma camisa do Flamengo emoldurada na parede.

Como um retrato.

Mas que, como a saudade, que é "mal de amor", o retrato também é "dor que dói demais".

Só que isso eu não posso contar.

É segredo.

UM E OUTRA

Lá vinha ele com as mãos formando o coraçãozinho. Ela odiava. Desde que vira o gesto a primeira vez na TV, toda vez que fazia gol ele corria na direção dela, no alambrado, com aquele contorno de dedos que ela achava ridículo no ar. Morta de vergonha, ria esmaltado.

Agora que se separaram, ela até sente um pouquinho mais de afeto ao se lembrar do gesto.

Mas desde então ele nunca mais conseguiu fazer gol — e, se vier a fazer, ninguém sabe se ele o repetirá.

Também não fazia muitos antes. Zagueirão, enorme, troncudo, só em cabeçadas de escanteio, de vez em quando. Mas fazia.

O que ela não aguentava era aquele homenzarrão com as mãozinhas de pétalas — cadê os punhos cerrados, o muque, o soco no ar, o tapa no peito, o berro, o homem que ela gostava de exibir?

"Mas é de carinho", a mãe, a irmã, as amigas tentavam.

Ela detestava cada vez mais.

E só aguentou até o dia em que ele rebuscou. Fez o coraçãozinho e veio pro alambrado com as mãos coladas no peito, do lado esquerdo, pulsando a mímica, como se o órgão batesse. Na cara, o sorriso frágil, feliz.

Ela se agarrou ao arame, esticou o pescoço e gritou na frente de todo mundo: "Seja homem, rapaz! Seja homem!".

E foi embora. Do campo, de casa, da vida dele.

Ninguém acredita que ela volte.

Embora ele insista.

BOLA COM ENDEREÇO

Na época em que se usavam cartas, em geral elas estavam relacionadas a amor e saudades.
Como a da história que o Tostão contou há tempos.
Um colega dele do Cruzeiro ou da Seleção, que não sabia escrever, pediu-lhe, numa excursão longa à Europa, que escrevesse uma carta à amada no Brasil.
O Tostão prontificou-se e, caneta e papel em mãos, esperou o ditado. Houve um longo silêncio e o colega então pediu: "Escreve umas coisas bonitas, que falem assim de estrelas, de eternidade".
Muitas cartas de amor eram anônimas. Como as que, numa cidadezinha do interior, um goleiro começou a receber.
Toda semana o vigia do campo lhe trazia o envelope deixado sob o portão.
Declarações de amor, promessas, elogios, suspiros — e até, talvez, estrelas e eternidade.
Cartas com perfume. Com desenhinhos de coração. Com a letra bordada.
Diziam sempre que a autora estaria no próximo jogo só para vê-lo.
Ele passava o jogo olhando pro alambrado, pros degraus da torcida, pra laje atrás do seu gol, tentando achar um rosto, um sorriso, um olhar que denunciassem a missivista.
Nada.
Sofria a cada jogo.
A consequência é que os gols tomados aumentaram.
Todo jogo uma ou duas falhas.
Acabou afastado do time titular.
E as cartas cessaram.
No banco de reservas, seguia a busca com os olhos, agora mais agoniado.

Perguntava ao vigia, mas nenhum envelope chegava.
Até que chegou um. Mas o vigia lhe disse que a carta era para o novo goleiro titular. Ele a arrancou das mãos do vigia, abriu e leu: a mesma letra, as mesmas palavras, o mesmo perfume, os coraçõezinhos, as juras, as declarações.
Uma punhalada.
Mas deduziu que, de duas, uma: ou a autora gostava mesmo é de goleiro em ação, ou alguém, adversário, fazia aquilo para distraí-los.
Deixou as novas cartas chegarem ao seu substituto. Que, do mesmo modo, começou a tomar gols fáceis e perdeu a posição.
De volta ao gol titular, proibiu o vigia de lhe entregar as cartas que chegassem. Era pra rasgar e queimar – "para não sofrer mais", disse.
E nunca mais saiu do time.
Mas até hoje ele sente uma saudade imensa daquelas palavras, daquele perfume, daqueles desenhos.
À noite, relê as cartas antigas e fica, comovido, olhando as estrelas e pensando na eternidade.

NA BOCA DO GOL

Primeiro foi um cordão de ouro. Ele chegou pra jogar, na mesma bicicleta de sempre, e a corrente reluzia no pescoço.
Aquilo era uma roça, o campo esburacado, com tufos de capim, formigueiros, barranco na lateral. Eram pedreiros, chapas, balconistas, entregadores, marceneiros, desempregados. Que raio de cordão era aquele? Mas ninguém perguntou.
Depois, o relógio. Brilhava no sol, e todo mundo olhando.
Ele trocava de roupa atrás do muro, empacotava tudo num saco, amarrava e deixava no canto da trave adversária, mudando de lado depois do intervalo: centroavante, sempre via onde estava o embrulho.
Mais um tempo, chegou de moto. Uma cinquentinha zero. Espanto, dúvidas, inveja. O ronco, o cheiro de nova, a fumacinha no cano.
E por que não perguntavam?
Uma, porque ele era enorme, forte, carrancudo. Só sorria quando metia gol: o teclado falho, cheio de bemóis.
Outra, por isso mesmo: ele fazia muitos gols. Todo jogo era um, dois, três. E isso garantia a cerveja e o bicho que o patrocinador do time (um empresário que fora pobre e jogara nos mesmos campos na juventude) pagava no final.
E continuou: um dia, depois do gol, sorriu e os dentes estavam todos lá, brancos, brancos, com as cintilações das obturações de ouro.
E roupas, sapatos, óculos escuros, perfume, pulseira, anéis — tudo amarrado no pacote ao lado do gol.
Durante a semana, nem emprego direito ele tinha: fazia bico de todo tipo, por conta própria ou pros outros. Sempre meio sujo, desarrumado, calado, sozinho no puxado de amianto e taipa.
Só no domingo o mistério. E o silêncio.

Até que chegou de carro! Um Corcel azul-claro, seminovo, com vidro fumê e rádio AM/FM, pneu com faixa branca, antena no teto.
Aí não deu pra segurar. O patrocinador o chamou no canto — suspeitava que ele estivesse mexendo com droga, roubando, alguma encrenca.
Perguntou. Ele não respondeu.
Pressionou. Ele calado.
Deu o ultimato: "Ou explica ou está fora do time!".
Os jogadores em volta. Temiam perder o artilheiro, mas também já estavam desconfiados com que rolo ele estaria se metendo.
Ele já tinha trocado de roupa e guardado os pertences — agora era uma malinha de mão, de couro.
Virou-se, botou de novo a roupa, entrou no carro e sumiu.
Nunca mais apareceu nos jogos nem na cidade.
O time nunca mais venceu.
E o patrocinador nunca mais viu sua esposa.
Aliás, dentista.

UM DIA

Era o que ele mais queria. Igual na TV, subir na tela ao comemorar o gol.
Só que não tinha alambrado.
Cada campo! Às vezes ao lado tinha riacho, bananeira, ribanceira, porteira, curral, estrada, muro, trilha de boi, formigueiro, ou só um descampado mesmo, de areia, terra ou capim.
Ele fazia o gol – muitos, aliás – e saía correndo, olhando, imaginando-se saltando nos buracos de arame e dando os braços para os torcedores, rodando a camisa sobre a cabeça e jogando-a no meio da galera.
Podiam dar cartão, sem problemas. Se fosse o segundo, podiam expulsar – nem aí.
Mas queria aquela glória. Vendo na TV abria a boca, levantava-se, insinuava o mesmo movimento, chegou a pular no sofá – que, fraco e velho, quebrou e lhe valeu uma bronca da esposa.
Uma vez havia uma cerca. Baixa, velha e de arame farpado. Chegou a correr na direção dela, mas viu que ela ia desmontar e que ele poderia se enganchar nos espinhos de ferro. Parou.
Até que um dia – quase sempre é com "um dia" que se fazem as histórias – foram a um campo melhor. Quase um estádio. Traves de ferro, rede nova, dois degraus de cimento de um lado para os torcedores, marcação de cal – e o alambrado!
Dos quatro lados. Com vigas brancas e a tela de losangos de arame.
Atrás dele, uma dúzia de velhos e meninos, dois vira-latas, um sujeito magrelo vendendo laranja.
Eu poderia terminar dizendo que ele não fez gol, mesmo tendo, além de duas chances cara a cara, um pênalti que ele chutou longe. E que se frustrou a ponto de nem querer mais jogar, ou de não conseguir mais fazer gol.

Ou que, mesmo assim, sem marcar, ao final do jogo ele correu até lá, subiu e comemorou emocionado, para espanto dos jogadores e dos assistentes.

Mas não. Este "um dia" pede outra variação.

Melhor assim: ele fez o gol, o da vitória, no final do jogo (no último segundo, na verdade), num chute retumbante de fora da área que bateu na forquilha e estufou a rede.

E correu para o alambrado. Ia subir e rodar a camisa e jogá-la como sempre sonhou.

Mas parou bruscamente a um metro da grade. Com a freada, os companheiros quase caíram por cima dele. Abraçaram-no, empilharam-se, ergueram-no nos ombros e o levaram numa espécie de volta olímpica.

Percorreram todo o perímetro lado a lado com o alambrado.

Ele olhava cada gomo vazio, as vigas, os laços em volta das vigas, a cor do arame, o calibre, o espaço onde poria os pés, imaginava como apoiaria a mão esquerda e onde a camisa iria cair – talvez no cesto de laranjas.

Mas seguiu nos ombros dos colegas, deixou-se levar ao barraco que servia de vestiário, ao caminhão, à estrada, ao nunca mais.

E perdeu a vontade. Parou de pensar naquilo. Seguiu fazendo gols e comemorando no chão, como sempre.

Nem as comemorações da TV o abalavam mais.

Ele sabia que poderia ter feito o que mais queria. Que seria perfeito, glorioso, como sempre sonhara.

E isso lhe bastava.

■

DE CAVADINHA

O senhor sabe, doutor. É minha ideia fixa. Já sonhei mil vezes. Venho na corrida, recebo a bola, driblo um, dois, três, o goleiro vem saindo, eu toco por cima, de cavadinha, e a bola desce na rede, surfando a onda de barbante.

Tem anos, isso, doutor, o senhor sabe. Desde que eu vim aqui a primeira vez. Já fiz esse gol, igualzinho, milhões de vezes. Mas agora não consigo mais.

Já tem algumas semanas. Eu toco por cima, o goleiro pula e agarra. As duas mãos pro alto. Segura a bola, traz pra junto do peito e pousa os pés na grama com ela encaixada.

Uma vez, vá lá. Duas, estranhei. Três, acordei irritado e não dormi mais. Com ontem, já são cinco vezes. Não faço mais o gol. Já dormi pensando "vou tocar mais alto um pouco", mas na hora da cavadinha o maldito sobe, pega, encaixa e pousa.

Antes, o sonho até tinha uns segundos a mais: eu comemorava, sentia o prazer do gol. Agora, não. Assim que ele pousa, acaba. Quer dizer, acordo. Suo. Ando. Xingo. Demoro a dormir.

O quê? O que eu acho disso? Acho ruim. Péssimo. Mas não é o pior.

O pior é o desgraçado do Alaor. Que Alaor? O Alaor, doutor, o pentelho do meu colega no escritório. Invejoso, puxa-saco, fofoqueiro. Já te falei dele mil vezes. Lembrou?

Então, doutor. Escuta. Ontem ele me contou que começou a ter um sonho repetitivo. Eu: Ham-ham. Que já sonhou o mesmo sonho três vezes nas últimas semanas. Eu: Sei. Ele: É a coisa mais esquisita. Tá. E sabe qual é o sonho dele, doutor? Sabe o que o desgramado sonha? Que ele é goleiro!

Isso mesmo! Goleiro, doutor! E sabe o que mais? Que ele tá no gol, vem um atacante driblando os zagueiros, um dois, três, ele sai, o atacante toca por cobertura, ele sobe, pega a bola, traz pro peito e pousa com ela encaixada!

O senhor acredita nisso, doutor? O senhor acredita? Eu fiquei de boca aberta! Achei que ele estava zoando. Que conhecia meu sonho. Mas não. Nunca que ele saberia. Só o senhor conhece isso. Fiquei parado, assustado. Olhei pra ele. Ele parou um pouco e disse: Rapaz, você não sabe como eu fico feliz quando eu sonho isso! Quando vejo que agarrei a bola e estou no chão com ela no peito, sinto uma paz enorme. Durmo como um anjo.
Um anjo, doutor! Um anjo? É o capeta, isso sim! Só pode ser! Só o capeta pode entrar no sonho dos outros, doutor! É isso o que está acontecendo. Eu matei a charada: ele entrou no meu sonho, doutor! Ou melhor: ele pôs o sonho dele dentro do meu sonho! Por algum caminho do além ele descobriu onde eu jogo no sonho e resolveu entrar pra me atrapalhar.
Eu bem que tinha reparado que a cara do goleiro tinha mudado. Mas não dei importância. Depois que ele contou o sonho dele é que eu juntei as coisas. O goleiro que defende a bola é ele, doutor! É o Alaor!
É inveja, doutor, é inveja. É o mesmo que ele faz no trabalho. Copia meus relatórios, repete o que eu falo nas reuniões, cumprimenta o chefe antes de mim. Insinua que erro muito. Ele quer o meu lugar, doutor. Ele quer me prejudicar de todo jeito. Aí resolveu que perturbar o meu dia não bastava. Tinha também que perturbar minha noite.
Agora me explica, doutor. Como é que o cara consegue ter um sonho que invade o sonho do outro? Que poder é esse? Que invade e fica? Que não deixa mais o sonho do outro voltar ao normal?
Sabe o que eu fiz, doutor? Falei pra ele que esse tipo de sonho, mesmo dando prazer, quando é muito repetido, é doença. É ideia fixa. Ele ficou preocupado. Falei que pode virar obsessão. Até paranoia, coisa grave, de internar. Ele se assustou. Pensou. Pediu conselho. Eu falei: Claro, amigão. E dei o telefone do senhor. Falei que o senhor cura essas coisas. Só no bate-papo. Na psicologia.
Ele vai marcar a consulta, doutor.

Então, doutor, agora o senhor me faça o favor, pelo amor de Deus! Quando o Alaor vier aqui, faça o que for preciso! Assusta ele, põe medo, dá remédio, faça o diabo. Mas tira ele do meu sonho, doutor! Tira o sonho dele de dentro do meu! Senão eu não me garanto.
Juro, doutor. Mais um tempo, se ele continuar a aparecer e defender, eu acabo com esse negócio de cavadinha. Eu encho o pé, doutor. Dou de bico. Na ignorância. Meto a bola com força na cara dele!
Quero ver no dia seguinte, com a cara inchada, se ele se atreve a entrar de novo no sonho dos outros. Quero ver.

FEITO A MÃO

Era velório, mas ele não continha o sorriso de orgulho — pela missão enfim cumprida, pelo produto e por atender a um ídolo.
O morto era o centroavante local, glória do cenário esportivo do município e da microrregião, como estava na coroa de flores. Adoecera longamente. Sabia-se o desfecho havia algum tempo. Ele, que ali vira nascer e ali dera leito a tantos que morreram, tendo sido admirador do artilheiro, prometera o caixão à família. De graça. O mais bonito. Trabalhado em marchetaria, mosaico de cubos, triângulos e sombras de sucupira, angelim, canela, parajú, bicuíba, cedro, mogno, cerejeira, gonçalo-alves, roxinho, jatobá, jequitibá, curupixá, marfim, angico, peroba e jacarandá, em tabuleiros, claros-escuros, torneamentos, no formão, na entalhadeira, no canivete, no sopro, na lixa, na flanela.
O forro de feltro e seda. As alças douradas. O vidrinho jateado do último três por quatro na tampa.
Com todo o capricho permitido pelo tempo da doença. Com todos os arremates, enfeites e detalhes que, a cada dia, a cada jogada rememorada, ele achava justo acrescentar.
Um gol decisivo, um rococó aqui.
Um lance heroico, um refinamento lá.
Os melhores recortes e retalhos, ripas e tábuas, ferpas, palitos, pontinhas, fiapos, de todas as madeiras que tinha.
Virou sua obra-prima.
Com ela ele acreditava se recuperar da decepção sofrida, há quase cinquenta anos, no conto do José Cândido de Carvalho, quando, em igual empreitada, o doente se recuperou, causou-lhe prejuízo e decepção e, claro, mereceu seus desaforos e o despedaçamento do féretro no meio da praça.
Agora, não. Neste conto, ele tem a chance revivida na nova morte. E não só de um amigo, para satisfação particular, mas de um ídolo da municipalidade.

Ali na capela, no velório, sorrindo, notava os olhos na madeira, na Sistina em que o centroavante jazia.

E sentiu o bem-estar geladinho que imaginou ser o mesmo que o artilheiro sentia quando o público o admirava.

Pensou que sua obra e a do jogador eram de igual dimensão, aparentadas, até. Ainda trocadilhou "primas" em silêncio, em cócega muda.

Ambos eram artistas, teve a certeza.

Deviam ser sempre vistos e glorificados.

Resolveu pedir a palavra. Modestamente, sugeriu o embalsamamento do artilheiro, com a camisa 9 da agremiação citadina, enfatizou, dentro do humilde féretro por ele dado à luz, e sua afixação, para sempre, no saguão da prefeitura ou da igreja, ou na entrada do estadinho em que ele pontificara radiante em prol de nossas cores, tenho dito.

Houve uma marolinha de sussurros pra lá, que voltou nas mesmas amplitude e frequência pra cá, até ser parada pelo padre, que agradeceu e negou a proposta.

Deus do céu!

Foi um estalo. Um talho. Um golpe.

Agitou-se, suou, tossiu.

Quando saíam com sua obra e o morto, desesperou-se, correu, parou do lado, abriu a tampa, virou o caixão entornando o campeão na terra, gritou para que largassem as alças, vermelho, salivando, saiu arrastando o caixão, xingando alto coisas que ninguém entendeu, até porque tiveram que se recompor e levar o artilheiro numa maca até a cova já aberta ali perto.

Guardou o caixão no depósito, imune a poeira e sol.

Está lá, à espera de outro conto, de outro contista, que o deixe terminar a história como merece.

Pra mulher diz que morto e centroavante sempre aparecem outros. Caixão como aquele, não.

E contista, conclui, é o que não falta.

UM JOGÃO!

BOLAS PERDIDAS

1.
Aqueles trapos, nas portas de banco, sob viadutos, nas praças, nem cor têm. Garrafas, barbas, sacos de pano, papelões, jornais, arames, caixas, latas, crianças, piaçabas, cacos, paus, galões, merda, pregos, cachorros, mosquitos e eles misturados a tudo, um único garrancho.
De tardinha socam uns panos e papéis numa meia ou cueca, amarram e usam os arbustos ou portas ou postes ou carros como traves, aos cavacos, caneladas, tombos, xingamentos, uns caem e sangram e ficam rindo sem dentes, se amontoam se sai gol, aos trambolhões, soltam cheiros, gritos, suores, até ficar de noite e sumirem no marrom, no cinza, no preto.
Fica assim de gente vendo.
Torcendo.
Até batem palma, dependendo da jogada.

2.
Sujo, barbudo, rasgado, em meio a latas, trapos, cheiros.
No saco de plástico, papéis, restos de lixo, objetos inúteis.
E uma bola rota.
Que, à noite, ele tira do saco, alisa, cheira, põe debaixo do pé, levanta e controla em embaixadinhas macias por minutos sem fim.
Depois de guardar a bola é que ele se deita e dorme nos papelões e panos imundos.
Nunca pede nada. A comida é dada, ou falta, espontaneamente.
Só a bola. Sempre que uma fura, ele, em abstinência, insiste fortemente com passantes, lojistas e moradores.
Até ganhar outra.
E voltar pro seu sossego.

EM ONDAS

— Quatro Rayovac! Da grande!
Ficava o dia inteiro no banco da praça ouvindo rádio AM. Onda curta, onda média, onda média, onda curta. Chiado, propaganda, jogo, recado, posta-restante, perdidos, música, notícia, utilidade pública, achados. Quando as pilhas acabavam, batia no guichê que vendia passagem de ônibus, pão, doce, cerveja, Cibalena, carreto, ingresso pra jogo e pilha, entregando as velhas como se vasilhames.
— As amarelinhas, hein, do Pelé! — e apontava o cartaz da propaganda.
Não aceitava a concorrente, a do gato preto. Batia na madeira. Chinelo, regata, bermuda, barriga. De noite pegava carona na charrete poeira acima.
Poeira abaixo, de manhã, sentava e a AM enchia o mundo.
Não ria nem movia traço. Sentado. Hora da marmita desembrulhada. Ondas curtas. Lusco-fusco. Ondas médias. O dial a trouxe-mouxe. Ouvido nas frestas da estática.
Morreu ali, sentado, tombando de mansinho pro lado. O moço do guichê ouviu o baque antes do amigo da charrete.
Ligado, Jorge Curi soltava a alma rasgada:
— Pelé! Pelé! Pelé!

A BOLA DO JOGO

Ele era o astro do melhor time da cidade. Goleiro, alto, forte, galã, admirado por todos, desejado pelas mulheres.

Mas a dele, a que ele amava, o deixou.

Trocou-o pelo centroavante do maior rival.

Todos achavam que sairia duelo, ou um tiro à sorrelfa, uma surra encomendada, ao menos uma briga de rua.

O próprio centroavante deixou de sair por um tempo, temendo a vingança.

Mas não. Ele entristeceu, chorou sozinho, perdeu o sono, mas não fez nada.

Manteve-se nos treinos e nos jogos. Com o mesmo garbo. Sorrindo do mesmo jeito para os fãs e as fãs, agora mais esperançosas.

Até que veio o jogo entre eles. Decisão do campeonato.

A tensão durante a semana cresceu a ponto de no domingo, no pequeno estádio, o silêncio se impor: a charanga não tocou, não houve gritos, nem palmas pros times entrando, nem vaias pros juízes.

Todos de olho nos dois.

Camisa 9. Camisa 1. Camisa 1. Camisa 9.

Eles não se olharam durante o aquecimento.

Sabiam que o silêncio era a ansiedade pela cena que todos esperavam: eles haveriam de se encontrar na área. Num escanteio, num cruzamento, ou num bate e rebate.

Mas no primeiro tempo, nada. O melhor time manteve-se no ataque e encurralou o outro. Pressão, chutes, gols perdidos, jogadas pelo alto e pelo chão, uma saraivada. Sem sucesso.

Zero a zero.

No segundo tempo, a mesma coisa. A torcida até já se esquecia do duelo entre os dois. O drama do jogo se sobrepunha ao confronto passional.

Faltando cinco minutos parecia inevitável o gol do melhor time. O goleiro, lá atrás, seguia de roupa limpa, sem qualquer lance que o tivesse testado. Mas.
Mas histórias como esta sempre têm um mas.
E o mas foi uma bola roubada pelo adversário na defesa, tocada pro lateral-esquerdo, que, de primeira, a passou pro meia, que a enfiou lisa, firme, rasteira, pra corrida do centroavante.
O campo adversário todo livre.
O centroavante partiu de seu campo e se viu sozinho, disparando em direção ao gol do rival.
Mesmo sem tocar na bola, correndo atrás dela, ele sabia, pelas distâncias e velocidades, que chegaria nela antes do goleiro. Pouco antes, quase juntos.
O goleiro percebeu o mesmo, mas demorou um pouquinho a mais pra sair, deu um tempo para que o centroavante a dominasse antes da meia-lua e entrasse na área.
Só então se moveu.
Desde o toque do lateral para o meia o estádio pressentira os movimentos e recomeçara a silenciar. Quando o meia enfiou, tudo ficou mudo. Dava pra ouvir os carros passando na rua.
Nos segundos da arrancada do centroavante, nem era mais o silêncio. Era o centro do redemoinho. A absoluta ausência de qualquer som.
Todos parados, olhos abertos, bocas pendentes, mãos sem lugar.
Camisa 9. Camisa 1.
Os demais jogadores ficaram onde estavam. Nenhum deles, dos dois times, ousou se mexer. Só olhavam.
Camisa 1. Camisa 9.
O chiado na grama da chuteira do centroavante correndo. Sua respiração.
A respiração do goleiro.
O centroavante entrou na área e goleiro saiu, avançando firme.
A bola não era mais a bola.
A bola agora era ela.
A ex do goleiro e atual do centroavante.

O corpo e o rosto dela ali, nos pés do atacante, nos olhos do goleiro.

A bola era toda ela.

E ela era a bola do jogo.

O que se deu foi de espantar.

O goleiro ignorou a bola e voou com os pés no peito e no pescoço do centroavante. Derrubou-o com tal violência que ele caiu fora da área.

Derrubou-o e se levantou rapidamente. Pôs-se de pé ao lado do corpo caído, como o toureiro vigiando o estertor do animal.

Um oh varreu a torcida. Um ai envergou os jogadores.

Mas e ela?

E a bola?

Antes de levar o golpe o centroavante dera um toquinho de leve, para ajeitá-la, preparando o chute. Esse toquinho a fez ir se movendo lenta, quase parando, em direção ao gol.

O goleiro não olhou para trás. Ela ia sem forças, mas avançando até a linha fatal.

Nem o goleiro, nem os torcedores, nem os jogadores repararam. Fixaram-se na cena do goleiro em pé ao lado do centroavante no chão.

O juiz, assustado, começou a andar para o local para marcar o pênalti. Mas viu.

Só ele viu.

Viu que a bola entrava de mansinho, cruzava a linha, rodava seu último giro, até atravessar inteira a cal e parar dentro do gol, um milímetro depois da listra.

Ele apitou. Soou tão forte que fez com que todos despertassem. Apontou para o centro do campo.

Gol.

Um a zero.

O goleiro, derrotado, foi expulso. O centroavante, campeão, para o hospital.

Terminou o jogo.

Mas não a história.

O centroavante e a mulher se mudaram para outro estado. Sumiram.

Só que anos depois ele se desencantou e decidiu se separar.

Ela voltou para a cidade sob os olhos e ouvidos de todos. Foi morar sozinha, trabalhar, refazer a vida. Mas.

Mas estas histórias sempre têm mais de um mas.

E o outro mas é que um dia ela procurou o goleiro.

Tocou sua campainha.

Ele abriu a porta. Olhou-a. Rememorou tudo.

Viu-a como se ela de novo fosse a bola daquele lance.

Como se ela fosse de novo a bola do jogo.

E a porta fosse a linha do gol.

Pensou que agora não poderia falhar. Que não poderia tomar o mesmo gol outra vez.

Respirou fundo, cerrou os olhos – e fechou a porta na cara dela.

Passou a tranca por dentro.

E nunca mais saiu.

Só morto, semanas depois.

PERDIDAS ILUSÕES

Os olhos dela!
Era uma bola boba, ali perto do meio de campo, na lateral.
Mas vi. Eram os olhos dela.
Eu só cercava o cara que estava com a bola para evitar o passe.
De frente para o alambrado deparei com eles. Cada um dentro de um losango de arame, como numa máscara.
Abaixo, a boca dentro de outro losango.
A roupa colorida toda cosida pela geometria do alambrado.
Como se um arlequim transparente se pusesse entre nós.
Não evitei o passe. Paralisado por dois segundos, três, nem vi o toque, nem o cara se desmarcar.
Quando me virei ele já estava adiante.
Tentei segui-lo, mas bambeei, as pernas gagas, catatônicas.
Senti seus olhos na minha nuca.
Aos poucos me refiz, movi-me um pouco, tinha de voltar para a minha posição, do outro lado do campo.
Andava pesado, como se atravessasse um salão imenso, lotado, pantanoso.
Mas os pés, curupiras, guiavam-me para trás.
Bati as costas no alambrado, no local onde ela estava.
A bola alta, lançada pelo goleiro, vinha na minha direção.
Não senti seus dedos.
Virei-me.
Ela subia os degraus dando um adeus hipérbato, as mãos anacolutas.
Senti a bola se aproximando rapidamente.
Olhei seu rosto.
Os olhos coxos, como se um quisesse ficar.
E sumiu, colombina que voou.

Ainda deu tempo de eu me voltar para o campo, a bola em cima de mim.
Pensei em matá-la.
Mas não deu tempo: ela atingiu-me forte no peito e eu caí, atordoado.

■

FOME DE BOLA

Ele fazia embaixadas com as pupilas dela, de um lado para outro no campo, de um olho para o outro nela.
Mas ela era casada. E a cidade, cidadela.
Ele, de fora, sem origem, sem prazo, ia aonde fosse a bola.
Ela, do terraço, vendo-o nos treinos, sabia que ele iria embora.
Que a boca do gol estaria onde a boca do estômago fosse.
Para encher a barriga enquanto a da perna aguentasse.
Não haveria jeito.
Suspiro.
Mas talvez houvesse.
Ela levou-lhe um almoço, a marmita embrulhada com o pano xadrezinho amarrado com um laço.
Ele o desfez e fartou-se.
Assim, tão perto, as pupilas dela caíram nos peitos dos pés dele, que as dominou, controlou, fez tabelas, depois as aninhou de novo nos seios da face dela.
Ele se foi, como sabiam. Atrás de bola, comida, canelas.
Ela ficou, como convinha. Sem sua boca, seus pés, suas pernas.
Só com aquela barriga – uma bola.
Da qual nascerão novas meninas dos olhos dela.

■

W.O.

Amontoados na Kombi velha iam titulares, reservas, isopores, bolas, motorista/treinador/dono do time e da Kombi, sacolas e pá, corda, balde e outras tralhas.

Tinha empurra-empurra, reclamações e zoeira com os esbarrões e as posições inconvenientes, gritaria na janela quando passavam por moças no caminho, rádio ligado, bateção no teto e no lado de fora da lataria e sacolejos enormes na estrada de terra esburacada. Valia a pena. Jogo em fazenda grande, com campo gramado e rede. E sempre rolava um bicho — pouca coisa, mas dava pra juntar uns trocos jogando nas redondezas. O histórico de vitórias era bom.

O mais velho contava, pra inveja dos mais novos, que tinha até comprado um Vaporetto ("dos grandes, com rodinha") pra mãe só com os bichos. Outro mostrou o tênis — de segunda mão, mas novo. O goleiro exibiu o Ray-Ban ("legítimo, legítimo").

E nesse jogo o bicho seria dobrado, porque o anfitrião convidara.

Só que a Kombi quebrou. Falhou um pouco, tossiu, rosnou, atirou, emudeceu, bufou — e parou. Nenhum sinal na chave. Uma fumacinha na tampa do motor. Desceram todos, palpitaram, cutucaram, mexeram nuns cabos e tentaram empurrar. Nem soluço.

Começou a irritação, o pessoal reclamando com o dono, bate-bocas, empurrões, deixa-disso, até que alguns decidiram que deveriam ir a pé.

"A pé?" "Estão loucos?" "A pé, sim." "Mas são dez quilômetros ainda!" "Bora a pé!" "Vai ter jogo e vai ter bicho!"

Só o dono ficou. Coçando a cabeça, olhando o motor, torcendo pra passar alguém ali no ermo.

Tardinha. Noite. Madrugada. Ninguém voltou.

Ele dormiu dentro do carro e acordou com o sol no rosto. Nem sinal do time. Nem de ninguém. Virou-se com a água de um isopor e as goiabas do entorno. Quase meio-dia e passou um senhor na bicicleta. Podia ajudar, tinha um sobrinho mecânico. Só no fim da tarde vieram os dois. O rapaz deu um jeito e o motor funcionou. O dono foi até a fazenda onde seria o jogo. Não tinha aparecido ninguém lá. O time da casa ficara esperando um tempão e desistira. Voltou com a Kombi gaguejando até em casa. Procurou os jogadores nos sítios e roças e não achou ninguém. Nem notícia. Depois de uns dias sem qualquer sinal, fizeram um velório simbólico coletivo.
Até que um dia um dos mais novos voltou. Pra roda assustada contou que no trajeto pra fazenda encontraram um caminhão cujo dono, vendo-os uniformizados, resolveu levá-los pra cidade dele, na lona, longe, depois da divisa do estado. E lá jogaram e lá ficaram. Mais ainda, o caminhão começou a excursionar com eles, pagar bichos, arrumar roupa, pensão, comida, ganharam as estradas, depois alguns se dispersaram, ele seguiu jogando com os demais.
"E por que voltou?"
Abriu a sacola, pegou os óculos escuros, o par de tênis e o Vaporetto, que entregou, emocionado, à mãe. Tudo comprado com os bichos das excursões.
"Já conquistei o que queria."
E por lá ficou, no trabalho da roça, enquanto o tempo fazia morrer a mãe, dois dos seis irmãos, muitos conhecidos — e ele mesmo, num dia de chuva, numa foiçada de um vizinho.

■

PERDENDO SEMPRE

1.
Domingo à tarde enchia de gente.
A TV pequena, em preto e branco, cheia de chuviscos, faixas horizontais e verticais, sem som, ficava no fundo do botequim.
Os da frente ainda viam um pouco. Os do meio pra trás tinham que deduzir.
Mas todos vidrados em sagrado silêncio.
Fumo, cachaça, rapadura, pão velho.
Do lado de fora, nada.
Um terreno perdido e vasto.
Empoeirado.
Depois de morros e trilhas.
Era o único lugar por ali em que o pessoal das roças de todas as distâncias podia ver futebol.
Um deserto marrom.
Tufos de mato secos, queimados.
Cercas.
Só o telhado de amianto do boteco e a espinha de peixe da antena quebravam a paisagem.
Bicicletas velhas na porta.
As botinas do lado de fora pra não sujar o recinto.
Calor e moscas.
O ar parado.
De noitinha, todos de volta às suas distâncias.
À partida que eles venciam fugazmente naquelas horas de futebol aos domingos.
Todo o resto, antes e depois, dentro e fora do botequim, sem o futebol, era derrota.
E sem ninguém pra assistir.

2.
Desde cedo a capina, marmita, à tarde de novo a capina, de noitinha chegava a hora da bola. De botinas, chapéus, calças rotas, um punhado para cada lado, enxadas, ancinhos e foices demarcando o campo e as traves, a umidade o calor empapando o ar, o cheiro do ribeirão e do capim cortado, os restos de mato voando sob as solas, era tudo isso, todo dia, toda a vida. Até que houve a briga. Todos contra todos. As enxadas, os ancinhos e as foices, mais as facas das cintas e das botas, fizeram a sangueira escorrer no capim, quase todos mortos, picados, decepados, só três ficaram em pé, se olhando com medo e respeito, contando no chão as mortes estripadas e assistindo ao afluente de sangue dar no ribeirão, que ficou vermelho e correu pra algum lugar que eles imaginavam ser um lago enorme e fundo, e então eles jogaram os pedaços dos corpos na corrente, limparam o que puderam, esfregaram as roupas, recolheram as armas, colocaram-nas na carroça e foram embora. À noite, só ficou ali no campo da capina, do jogo, das mortes, a bola. Debaixo de um arbusto, como se escondida e amedrontada. Nos gomos arregalados, respingos de sangue. O barulhinho espesso e rubro do ribeirão era seu antiacalanto.

REDEMOINHO

Tinha, diziam, o diabo no corpo.
Não só pelos dribles, pela velocidade, pelos gols e pela garra em campo.
Mas também pelas farras e bebedeiras intermináveis.
No começo, era jogador comum, toquinhos, alguns chutes, muitas vezes na reserva, raríssimos gols.
Na vida, a mesma coisa: balconista, casa, banho, TV e cama.
Foi aos poucos que mudou. Melhorando em campo, piorando fora. Todos perceberam as diferenças.
Mas começaram mesmo a dizer que o diabo se apossara dele no domingo em que fez cinco gols, fora os lances de abrir a boca, e foi expulso depois de sair no braço com meio time adversário.
E sumiu. Foi achado segunda-feira na zona, bêbado.
Largou a pensão em que morava sozinho. Saiu da loja. Só bares e zona, gastando os bichos que garantia aos domingos.
Daí pra frente, só isso: o diabo em campo e na rua, e ninguém nunca se atreveu a perguntar nada, a aconselhar, conversar.
Muitos beques tentaram quebrá-lo. Mas ele escapava e dava risada alta na cara deles. Mesmo quando o acertavam, ele logo estava de pé, correndo mais do que todos.
Fazendo gols, garantindo o bicho.
E torrando tudo a semana inteira com bebida e mulheres.
Foi virando lenda. Metendo medo.
A tese de que vendera a alma cresceu.
Uns, em campo e na rua, diziam ter vislumbrado chifres na sua cabeça ou sentido seu bafo de enxofre.
Muita gente se benzia ao vê-lo.
Não se sabe se morreu ou se partiu. Nunca mais foi visto.
Até hoje, porém, há quem jure, em arrepios, na zona e no campo, que às vezes o vê, gargalhando, correndo com a bola no meio do jogo ou bebendo e dançando no meio do salão.

■

PERDAS OU GANHOS

Ele começou a ver coisas.
No meio dos jogos, via mulheres horrendas na arquibancada. Pareciam bruxas.
No barraco que usavam como vestiário, um velho de chapéu encostado na porta.
Crianças de olhos vazados correndo junto com o bandeirinha.
Dentro do gol, um túnel.
O juiz de rabo e chifres.
Adversários virando anjos.
Cada jogo uma visão diferente.
Não falou nada pra não o tirarem do time — vai que achavam que estava ficando louco, melhor ficar quieto.
Acabava o jogo, tudo normal. Nada de visões, nem pensava naquilo.
Mas foi se agravando.
Até que a bola, vindo pra ser amortecida no peito, de repente lhe abriu os braços.
Envolveu-o, oferecendo o ombro à sua cabeça aturdida.
Acabou desmaiando.
Ficou meses pra recobrar os sentidos e se recuperar.
Quer dizer, nem se recuperou totalmente. Parou de jogar. Ficou meio lento, distraído, calado.
Segundo ele, ninguém sabe de nada disso. Garantiu que só pra mim ele contou sua história.
Sem nunca nos termos visto antes.
Estava ao meu lado, assistindo a uma pelada de garotos, e começou a falar.
Depois parou. Olhou-me espantado. Sumiu.
Talvez ele ache até hoje que eu sou mais uma visão que ele teve.
Porque eu mesmo não sei se isso tudo ocorreu ou se foi uma visão que eu tive.

AUSÊNCIA

Contra-ataque típico. Mil vezes na carreira já fez aquilo. Na sua intermediária esquerda, escanteio contra seu time, o meia-direita na cabeça da área. Rebote. O meia domina e ele parte antes. Sabe que a bola estará no vazio das costas dos beques adversários antes mesmo da linha do meio-campo.
 É só dominar e partir com ela no pé. Ou partir direto, sem dominar, dando esticadas com toques nas passadas.
 Pode chutar forte da entrada da área. Tocar de chapa com curva no canto esquerdo. Chegar mais perto, ameaçar o chute e cobrir o goleiro caído. Esperar o zagueiro vir em carreira e cortá-lo com a guinada pra dentro.
 O certo é que quase sempre fez o gol. Poucas vezes perdeu.
 Só que, naquela vez, na largada, antes de se aproximar da bola no ponto em que a aninharia e do qual a tangeria à meta, veio a ausência.
 Os passos seguiam, mas lentos, sem peso, patinhando, desossados.
 O corpo arqueado perdia tensão, ânimo, seiva.
 Perdeu o senso do que o impulsionava e do que atingiria.
 Nem sabe se chegou lá, se fez o gol, se desistiu, se foi atropelado pelo zagueiro, se tropeçou e saiu de maca, e nem mesmo se o que está contando ocorreu.
 Tem dúvidas até quanto às mil vezes anteriores em que teria feito a jogada que o consagrou e que o distinguia de todos.
 Mas não esquece a ausência.
 De quê, de quem, não sabe dizer.
 Só repete que foi uma ausência.

Que ele sente ainda ali, pesando, curvando o espaço e o tempo à sua volta — como uma bola que curva a rede no chute bem colocado, explica. Às vezes enche ouvi-lo repetir a mesma história. Mil vezes a mesma história. E todos já sabem. Ele vem chegando perto, puxando assunto, abrindo brecha, como das outras mil vezes, e começa a corrida, aliás, a história, dos seus gols, aliás, da ausência, que o consagraram, aliás, que o imobilizou.

■

BURRO!

Meia-esquerda, matou a bola no peito e olhou adiante procurando o nove.

(Enquanto a bola descia, lembrou-se de outro jogo, anos antes, em que ele era o nove e aguardava o lançamento do meia, que também acabara de dominar a bola no peito. Ele então correra entre os beques e receberia o passe na cara do gol, mas o meia desviara o olhar e dera o passe para o volante ao seu lado – só que ele é quem fora xingado pela torcida, por ter corrido para o lado contrário ao que deveria.

Lembrou-se também – a bola passando pelo quadril – de que, naquele jogo, depois de não receber o passe do meia e ser xingado, lembrara-se de um jogo anterior, no qual ele era o meia-direita, e de que dominara no peito e vira o centroavante correndo, mas escolhera não fazer o passe para ele e sim dar a bola para o volante ao lado – tendo sido, por isso, xingado pelos torcedores.

E lembrou-se em seguida – a bola perto do joelho – de que, nesse jogo mais antigo, depois de dar o passe pro volante, lembrara-se de um jogo no início da carreira em que ele era o volante e recebera o passe do meia, que, em vez de enfiar a bola pro centroavante, preferira lhe passar a bola – e que ele não soubera o que fazer e a perdera, o que o fizera ser xingado na arquibancada.

E ainda – a bola na altura da canela – lembrou-se de que, no jogo em que ele era o volante, lembrara-se, depois de receber o passe e perder a bola, de que anos antes, jovem, na arquibancada, assistira a lances parecidos e xingara ora o centroavante, ora o meia e ora o volante.)

Quando a bola parou no seu pé, enfiou-a para o centroavante correndo atrás dos zagueiros, mas errou o passe e armou o contra-ataque adversário, e só então viu que o volante ao seu lado pedia a bola.

E então escutou um torcedor chamando-o de burro e não soube se aquilo era real ou se era uma lembrança sua durante um lance que estava ocorrendo no futuro.

MAU TEMPO

No meio do jogo foi baixando uma neblina grossa, como em *Amarcord*.
Ele ainda enxergava um pouco a bola e outros jogadores, mas foi ficando tudo longe, escuro, frio.
Pensou que talvez estivesse sonhando.
Aquela disputa de cabeça. Será que bati? Perdi a consciência?
Beliscou-se. Mas não.
Ouvia os outros correndo, pedindo bola, o juiz apitando, a torcida gritando.
Esfregou os olhos. Zanzava. Não sabia para que lado seguir.
Alguém xingou: Tá dormindo? Marca! Pega a bola!
Mas nada. A nuvem espessa.
E pra piorar, os trovões.
Começou a chover como em *Macondo*.
Gotas caldas flocos pedaços.
Ele andava sem sentido.
Jorros rios poças torrentes.
Afogava os pés, empapava a roupa, chumbava as meias.
Resolveu parar, fechar os olhos, tapar os ouvidos, afundar o queixo no peito, agachar-se lentamente, endurecendo, tremendo, na água, na névoa gelatinosa, amniótica, tunelar.
Ninguém percebe? Por que não param o jogo?
E a torcida, estúpida, gritando, cantando, como se nada.

SEM VOLTA

Tudo foi um grande equívoco. Aquela cidade, aquele time, a posição e, mais do que tudo, a profissão: com que diabos ele veio a ser jogador de futebol? Lateral-esquerdo? E naquele fim de mundo, num time que perde muito mais do que vence? Sempre tenta refazer o percurso que o levou a tudo isso. Jogava mais por diversão (de centroavante!), queria mesmo era continuar na escola, ter um ofício – eletricista, ou relojoeiro, ou contador –, montar um negócio, seguir a vida.

Mas algo ocorreu em algum momento. Ele não sabe quando nem o quê. Foi rápido. Seria só por um tempo. Porém, foi tudo ganhando volume, velocidade, duração, inconsciência e, num estalo, ali está ele, no uniforme roto, no campo esfarelado, correndo atrás da bola sem saber por quê.

Não era nada disso.

Seria outra sua história.

A casinha branca, a mesa com toalha xadrezinha, a jarra de água em forma de abacaxi, a cortina no vitrô, o porta-retratos no aparador de fórmica, o suor na aliança, o banho, o pão partido com as mãos e picado na sopa, o guaraná e o brinde de "saúde!" com a mulher e os filhos de cabelo penteado.

Jornal, novela, um cigarro na varanda e a cama.

Aí sim, poderia sonhar que era lateral-esquerdo num time do interior e que corria atrás da bola, ralando a perna, frustrando-se, amargando as derrotas – só para acordar aliviado, olhar a esposa, o ventilador, os chinelos, o copo d'água, ouvir o cachorro no quintal e o rangido da correntinha do xaxim e ter a certeza de que era feliz, de que fizera a escolha certa.

Mas lá vem a bola dividida, o cotovelo na altura do gogó, a poeira nas narinas – e a sola do adversário na canela o arranca do devaneio.

Isso poderia ser só um pesadelo do qual ele despertasse.
Mas é a sua vida.
Um equívoco total, infelizmente.
Mas é isso mesmo: um equívoco é o que é a sua vida.

NOTURNO

Nas entradas e nas cãs já se nota. Um pouco de barriga também. Tem que apertar os olhos pra ver o gol adversário. A mobilidade é pequena. Mas tem a técnica. O toque. O imprevisto que desmantela o ferrolho, percorre a picada, invade a clareira e põe os companheiros na cara do gol. Só que já está cansado. Quer parar. Executa seus números como o profissional no teatro mambembe, de cor, sem o ímpeto infantil que o fez tornar-se adulto naquele ofício.

A categoria com que amacia e movimenta a bola intimida os que cogitam criticá-lo por não correr, não marcar, por jogar tão calado. Às vezes até ensaia-se um apupo.

Mas eis o passe de mágica — e a muralha à sua frente se esfumaça. O milagre do centroavante livre na área. Palmas, gritos, espanto.

Nos bastidores, depois dos jogos, sua, respira forte. Não quer mais seguir.

Mas é no palco, aliás, no campo velho e esburacado, com os mesmos truques, aliás, lances, que consegue o almoço e a janta.

O pior é olhar pra frente: mesmo não podendo, mais um pouco vai ter que parar.

O horizonte é claro: nada se vê.

E não adianta apertar os olhos.

■

CAMISA 9

Jogou daquela vez como se fosse a última. Vinham duvidando de sua capacidade, criticando-o, tirando-o no segundo tempo. Já por duas vezes haviam-no deixado na reserva no início, só escalando-o quando faltavam uns dez minutos. E ele fora o craque do time. O maior da história. Anos e anos, na região, não havia quem não o admirasse. Vinha gente de longe para vê-lo. Camisa 9, cabelo molhado, chuteira engraxada, os rapazes no alambrado de boca aberta, as moças na torcida de mãos fechadas, era como um astro de brilho próprio a iluminar mais do que o sol dos domingos.

Gols de falta, de cabeça, driblando meio time, de bicicleta. A montanha dos companheiros pulando em cima dele — pequenos planetas amontoados no centro do universo.

Depois do jogo, festa, comida, bebida, o copo no ar como se fosse um príncipe.

Eis que o tempo, o cansaço e o corpo — a translação no vazio entre o nada e o nada.

Começou a errar, perder na corrida, falhar no chute. O cabelo ralo, a chuteira puída, moças de olhos fechados, rapazes com os braços abertos. Opaco, cinza como a sombra à ave-maria.

Já não lhe davam passes, quase. E ele é que, anticopernicano, agora corria para pular por sobre os companheiros na hora do gol.

Mas veio a decisão. E ele foi escalado. Por respeito, talvez. Ou porque não confiavam nos garotos. Ou porque só ele não estava contundido. Não quis saber.

Poderia ser a última.

E correu, e lutou, e dividiu, armou, deu passes, meteu duas na trave, uma delas de falta com a potência e o efeito de antes, o suor sob o rival estatelado no céu, as pálpebras semicerradas, o peito cheio, feliz, vibrante, e de novo as bocas abertas e as mãozinhas

fechadas, e viu a bola vindo alta, cruzada da meia-esquerda em direção à área, ele na corrida, calculando o pique até a meia-lua para chegar de frente, meter de testa (molhada, franzida) e vê-la engravidar a rede e vir à luz no terrão dentro do gol, as pernas tensas, as chuteiras feitas cascos, a bola já quase ao alcance, mas muito alta, muito acima do que poderia, e então o pulo forte, acelerado, sideral, quebrou a gravidade e ele voou como um pássaro e cabeceou de testa, para o chão, os planetas embaixo olhando, e a bola desceu ao gol adversário como um asteroide, e ele ouviu a explosão, os gritos, os fogos, e acendeu sua luz imensa, plena, sobre tudo e sobre todos, e dançou e gargalhou e urrou – e, enfim, tropeçou no céu, planou, deu cambalhotas e mergulhou na vertigem estratosférica até cair, duro, arfante, sorrindo, de costas no chão, bem na marca de pênalti.
Morreu ali. Todos em volta o olhando.
Como se fosse – e de fato era – o único.

CARMO

"Você se lembra, não lembra?"
O cano ou cabo comprido no ombro, com cabides de roupas. Magromagro, cambitos longos – dos pés às cãs uns dez palmos dos meus, pelo meu olho de mira.
Meu pai confirmava. Eu ouvia.
Eu, sentado nas tábuas, olhava de baixo o queixo e o nariz finos, as mãos abertas como hastes nuas de guarda-chuvas que os braços (uns seis palmos), às vezes em cruz, às vezes em pás, às vezes em hélice, às vezes em remos, moviam pra trás, pra frente, giravam, voavam, conforme a voz, conforme a parte da história, de longe passando por cima ou ao redor de mim.
A mesma história. Sempre. Meu pai se lembrava.
Mês em mês, ou dez em dez dias, passava com as roupas pra pegar ou entregar.
"Pouca gente se lembra. Também, faz muito tempo."
Sentado no chão, eu queria ouvir outra vez. E ela vinha.
"Ali onde fizeram o posto. O campo era um buraco, no fim do barranco que descia da rua de terra, o pessoal sentava ali."
Meu pai me contara depois da primeira vez que eu ouvi.
Eram visitantes contra os de casa.
Quarenta graus de domingo, a terra no ar. Cal nova, e até um pouco de gesso pra firmar na terra as medidas, as travas de aço freando como ferraduras, nas divididas o som sideral do martelo no gongo.
"Eu lá no gol. O pessoal duvidava, me achava velho, no bambuzal atrás de mim uns moleques riam."
Ele usava calções e camisas com acolchoado, fechava um pouco os olhos por causa da poeira e pra distinguir melhor. Teve bola na trave, gol feito perdido, briga, expulsão, trombada na área, um impedimento roubado, mas nada de gol.

No fim é que veio o pênalti pros de fora.
"O pessoal olhou com dó pra mim. Eu andei até a marca do pênalti, parei, voltei. Andei na linha do gol. Parei no meio." Ele tinha as pernas arqueadas, dobrou um pouco o tronco, abriu os braços em xícara. As mãos sem luvas.
Eu, sentado, fazia meneios invisíveis buscando a mesma posição.
O cara que foi bater era o mais forte. Nessa hora fiquei com pena dele — meu pai parou, puxou com as pupilas no alto a lembrança mais exata.
"Ele veio igual a um touro. Acho que o pessoal todo quis fechar os olhos. Eu arregalei os meus e soltei o ar de uma vez."
Eu me encolhia, sabendo o final mas temendo o tiro, o canhão no meu rosto, o torpedo no tronco.
Ele era velho, mas era ágil. Escolheu um canto e pulou como um tigre, uma ponte muito alta, muito longa, muito rápida.
Talvez quisesse, mesmo levando o gol, tornar física na memória da plateia a elasticidade de quando novo.
"Fui lá no alto. Parecia um trapezista. Lembra? Hein? Você estava lá."
Meu pai confirmava.
Eu sentia a vertigem do salto sem rede.
E no canto que ele escolheu — meu pai olhou para um lado —, na altura que ele escolheu, no tempo que ele levou, foi tudo justo onde a bola foi chutada, com força, um jato que num segundo é só a fumaça.
"O pessoal de hoje não acredita porque não viu. Eu fui lá e peguei! A maior ponte da minha vida!"
No colchão, na areia, na água, eu tentei imitar milhares de vezes, o mesmo número de vezes que ele contou a história.
Ele, no embalo que tomou, segurou a bola com as mãos bem lá no alto, puxou os braços pro ventre, aninhou a bola como a um filho, dobrou as pernas no ar, caiu no chão já encolhido, dominou os movimentos e rolou uma cambalhota domada, perfeita, bonita.
"E o silêncio? E o espanto? Ninguém falava nada, lembra?"
Eu quase me punha de pé antes da parte final.

Num átimo se pôs de pé, a bola abraçada de um lado do corpo, a outra mão na cintura, as pernas um pouco abertas, o olhar pro alto – como numa foto, meu pai simulou o enquadramento.
E concluiu com certo orgulho: todo mundo aplaudiu e gritou o nome dele. O jogo acabou. O capitão do outro time veio cumprimentá-lo.
Eu, no chão, sentia, ali, que eu era ele. Remedia-o em palmos e ele aumentava, agora quase vinte palmos, pelos meus olhos abertos.
Ele no final parava, fingia que contara uma história qualquer, perguntava o preço de algo, fumava um cigarro, até mais ver.
Foram milhares de vezes.
Um dia, no entanto, no meio da sua fala, eu percebi que ele estava morto.
Depois disso eu ainda o ouvi muitas vezes, a menear meu corpo, a voar de trapézio nas nuvens. A defender com ele a mesma bola milhares de vezes.
Mas ele estava morto.
Morrera na hora em que fizera aquela defesa muitos anos antes.
Foi o primeiro dos mortos com quem convivi.

LOGO, LOGO

Fantasmas, sim. Eles sempre jogam ali. Chegam de noitinha, batem bola, dividem-se e começam.
Todos eles. Conheço todos. Vi cada um deles crescer, viver e morrer aqui no bairro. Pedreiros, vendedores, garçons, chapas, camelôs. Um deles foi alfaiate. E um ruço bexiguento que só bebia. Foram morrendo. Uns, moços; outros, de velhice. De uns anos pra cá começaram a se reunir ali pra jogar bola.
Começa bem na hora que eu pego no serviço. Abro o portão, entro, fecho, limpo os pingos de velas do chão, jogo fora os restos de flores e vou pra guarita.
Precisa, sim, de vigia. Antes não tinha. Mas andaram roubando de tudo aqui: azulejos, vasos, dentes, anéis, sapatos, sumiu até corpo de mulher nova.
Eles não me veem. Ou fingem, não importa. Fico ali fumando, de vez em quando grito "chuta!", "cuidado!", mas não ouvem. Só dá um grande eco no escuro.
Passa carro às vezes, bem no meio deles. No início eu me assustava, achava que ia atropelá-los, mas hoje dou risada. Também moto, gente, bicicleta. São poucos, mas passam. E não veem nada.
Ainda bem. Iam se assustar. As cabeças deles parecem máscaras: pálidas, sem pupilas, banguelas. Mas o corpo é igual ao de quando eram vivos.
Sabe que é um futebol até bonito? Leve, silencioso, sem briga.
O que me pergunto sempre é sobre a bola. Como é que pode ter bola fantasma?
Sim, bola fantasma. Porque ninguém que passa por aqui vê a bola. Só eles. Se fosse bola de verdade, o pessoal veria, não?
Como eu vejo? Não sei. Mas vejo tudo. Até a bola.
Meia-noite eles param. É a hora que eu desligo tudo. Deito no colchonete. Espero amanhecer.

Não sei até quando.
Não deve demorar.
Mas até que é bom saber que logo, logo vou ter essa peladinha pra jogar com eles.

■

DOMINGO PASSADO

Domingo passado ele, de novo, não foi vê-lo.
Tem sido assim todos os Dias dos Pais há muitos anos.
É o dia em que ele vai jogar bola de manhã, de tarde e de noite, pro dia passar logo e ele ficar longe.
No resto do ano, não.
Todo dia vai lá, carrega, limpa a sujeira, dá banho, penteia, põe de novo na cama e fica falando com o pai – coitado, os olhos escancarados sem entender nada de nada.
Era goleiro. E contador. A doença o pegou muito cedo. Nem quarenta. E normalmente, dizem, é doença de idade avançada.
Mas com ele foi aos quarenta. Nem isso, coitado, trinta e oito, por aí.
Primeiro, deu um vazio no meio de um jogo. Gol adversário sem que ele fizesse um gesto.
Quando voltou a si, demorou a entender. Percebeu. Inventou qualquer coisa.
Mas foi se repetindo e o tiraram.
No trabalho, foram rebaixando suas funções – auxiliar, cópias, carimbos.
Mas, ainda com períodos vivos, um dia disse pro filho: "Não quero mais ir ao trabalho, o pessoal ri dos erros que eu cometo".
Ele o tirou. Aposentou-o. Viu-o definhar em poucos anos, sumindo de corpo e mente. A mãe sem saber o que fazer.
Num Dia dos Pais – já faz quase vinte anos –, banho tomado, imóvel, olhando a mesa com um bolinho e um guaraná, de repente, com raríssimo e pleno domínio, disse pra esposa e pro filho: "Se ao menos eu ainda conseguisse ser goleiro não ia dar tanta vergonha pra vocês".
Depois disso, rapidamente, cama, ausência, fiapo: a inconsciência foi avassaladora.

Tanto que ele jura que foram as últimas palavras que o pai pronunciou.

São elas que gongam na sua cabeça o tempo todo.

E que ele prageja entre dentes o dia inteiro, todos os Dias dos Pais, jogando bola de manhã, de tarde e de noite.

Com raiva e orgulho de ser goleiro.

QUE JOGO!

No bar, já com algumas rodadas de chope, começaram a brincar de voltar no tempo. Mas com destino específico: voltar a determinado jogo a que tinham assistido, seja no estádio, seja na televisão. Um falou do Brasil 4 x 1 Itália em 1970. Todos fizeram "ah!", expressando aprovação e saudade. Ele tinha dez anos, ficava ao lado da TV arrumando a antena e o controle das horizontais. A sala cheia, os gritos, as bandeirinhas de papel, as pessoas na rua depois do jogo, o sol, o domingo que nunca mais acabaria.

Outro estalou os dedos e citou Botafogo 6 x 0 Flamengo em 1972. Mas não era botafoguense e sim flamenguista. Sete anos de idade, a camisa do time, a dor de cada gol rasgando um pouco sua camisa e seu peito – logo era noite, o choro em soluços, a escola no dia seguinte com as gozações que ainda ressoavam na sua cabeça.

"Não tem comparação", disse outro, "Corinthians 1 x 0 Ponte Preta, em 1977, gol do Basílio." Notou-se sua emoção ao descrever o lance, os saltos nos chutes que antecederam o arremate fatal do "pé de anjo", o grito rouco, já era rapazinho, o pai até o deixara tomar um copo de cerveja, ficou ouvindo rádio até não haver mais assunto, redesenhando na mente, deitado, todo o lance.

Surgiram clássicos Atlético x Cruzeiro, Grêmio x Internacional, o Brasil 2 x 3 Itália de 1982 – que provocou lamentos, xingamentos e até um choro, aplacado com um gole grande e uns tapinhas nas costas. E outros tantos jogos, às vezes citados ao mesmo tempo, causando certa alegria em uns, tristeza em outros, mas sempre com a aura de "que jogo, que jogo!".

Só um, calado, apenas olhando, bebericando, não citou nenhum. Notaram. "E você, nenhum jogo? Logo o mais fanático por futebol? Não tem nenhum que você gostaria de voltar pra ver?"

Recostou-se, escorreu o corpo na cadeira, passou as duas mãos nos cabelos, suspirou. Todos o olhavam.
"Tem", respondeu. "Eu era pequeno, no interior. Domingo de manhã fui pela primeira vez ver meu pai jogar na várzea. Ao lado do meu tio, vi o poeirão subindo nas disputas de bola, os empurra-empurras, os palavrões da torcida e dos jogadores, meu pai no banco, aguardando. Ele olhava pra mim às vezes, dava tchau. Eu perguntava pro meu tio se ele não ia jogar. 'Vai, sim; já, já ele entra.'"
"Ganhei picolé, bala, biscoito de polvilho. O jogo já durava a vida inteira. Até que o vi se levantar do banco, arrumar o meião, ficar à beira do campo. Quando ele entrou meu coração virou um balão, subiu ao céu, planou sobre o mundo todo. E o vi correndo, dominando a bola, chutando. Era meu pai. Deu um carrinho que a torcida aplaudiu. Uma cabeçada que me pareceu que ele subira mais alto que um super-herói. Era meu pai."
Na mesa, todos em atenção total. Nem mexiam nos copos.
"E acabou o jogo. Não sei quanto ficou. Sei que fui encontrá-lo. Ele suado, a camisa com o número 3 nas costas, a chuteira velha, a barba rala, o cheiro, a aliança apertando o dedo já mais gordo, os pelos nas pernas. Era meu pai."
Bebeu um gole.
"Nunca mais fui ver. Ele também parou de jogar logo depois. Só o via depois com a roupa de trabalho: camisa, calça, sapato e a pastinha de vendedor. A mesma com que foi enterrado – sem a pastinha, claro."
Fechou os olhos. Todos calados. "Eu queria voltar a esse jogo. Só pra gritar o que eu não gritei naquele dia. Queria gritar alto: 'É meu pai! É meu pai!'. Não sei por que não gritei. Fiquei só olhando. Ele, às vezes, no campo, olhava pra mim. Sempre sonho que ele esperava que eu gritasse. Mas não gritei."
Olhou em volta, bateu na mesa com as duas mãos. "Agora já era. Não dá mais."
Uns segundos de silêncio.
Pediram a conta. Foram embora.

QUANTO TEMPO

A esposa o encontrou parado na frente do espelho, com a espuma de barbear pela metade, os olhos fixos.
"No meu tempo...", ele dizia, atento às próprias feições.
Tinha sido a primeira vez. Depois da pelada semanal, na hora da cerveja.
Tantos anos, tanta pelada, tanta cerveja, tanta gente, tanta conversa, e ele nunca falara aquilo.
Mas naquela tarde começara uma história ou um argumento com a expressão que o atingira como uma bolada no ventre: "No meu tempo..."
Parou um segundo, ninguém reparara, encurtou o assunto. Silenciou. Foi embora mais cedo do que de costume.
Agora ali, depois do banho, no meio da barba, intranquilo, repetia a frase.
Ela quis saber o que estava acontecendo.
Só então ele a viu.
Entre virar o rosto e encará-la, lembrou-se de muitas peladas que jogara quando criança e adolescente e dessas que — "há quantos anos, meu Deus?" — ele, já adulto, antes mesmo de se casar, jogava todo sábado. Dos campos em que jogara, que tinham mudado várias vezes. De tanta gente que saiu, de outras que chegaram por pouco tempo ou ficaram, de alguns que se machucaram e pararam, das desavenças que afastaram amigos, de sobrinhos de alguns que se incorporaram, de amigos novos, dos mais antigos que perderam assiduidade. Dos jogos na chuva, no barro, num terrão com formigueiro, num sítio de um sujeito rico — "grama verdinha e plana, alambrado, traves com rede — um dia vou ter um!" —, na beira da estrada, em outras cidades. E de quando — "há quantos anos, hein? quantos?" —, fixaram-se no campinho de grama sintética do clube campestre, alugado, ele organizava

a vaquinha, cobrava, anotava, comprava bolas, arrumava gente pra completar quando não dava quorum. E comandava a cerveja depois do jogo. Um gol de sem-pulo. Um braço quebrado. Como é possível perder um gol daquele? Quanta pelada. Quanta conversa. Quanta gente. Quanta cerveja. Viu no rosto da esposa as marcas do tempo que nunca vira até então. As mesmas que só tinha visto no seu naqueles minutos que tinha ficado na frente do espelho repetindo a expressão que o abalara.
Limpou a espuma do rosto com a toalha.
Abraçou-a. Disse que não era nada.
Acalmou-se.
Mas subitamente a ideia de futuro o assombrou e o fez abraçá-la mais forte: "Quanto tempo, meu Deus? Quanto tempo?".

■

UM JOGÃO!

— Em sanatório tem, em orfanato tem, nas cadeias — até em hospício, quando existia!
O diretor olhou pros internos. Magros, fracos, pobres, debilitados de muitas formas físicas e psíquicas, ilhados pela idade nas suas faltas e excessos de lembranças. A morte, voraz, lhes debulhava e moía o que sobrava. Balançou a cabeça pros lados e respondeu:
— Aqui é um asilo! Olhe para eles!
Uns mastigando nada, outros ouvindo longe, dois olhando pra dentro. Sentados ou movendo-se sem sair do lugar. Radinho, bonés, lenços, meias, gengivas, tosses, cuspidas. Nos seus contornos, a química invisível da atmosfera e do tempo: o apodrecimento.
— Vai dar certo. Vamos tentar!
O diretor olhou de novo. Duvidava que estivessem ali. Gesticulou um resmungo, traduzido como aceitação.
— O senhor vai ver! Vai dar certo!

* * *

Tinha alguns de pijama e tênis rasgado. Um com andador. Bengalas, três ou quatro. Uns conseguiram calção ou ceroula. Muitos de sandália ou chinelo. O que usava soro direto ficou no gol — sentado num tamborete. Deu uns seis para um lado e uns oito pro outro, equilibrando número e condição física.
Pátio pequeno. Bola vazia pra não pular nem correr muito. Freiras, serventes, cozinheiras, faxineiros e os que não jogaram ficaram nas escadas e cadeiras em volta.
O enfermeiro dono da ideia no meio do jogo, apitando e ajudando quando precisasse: pra evitar quedas, dominar uma bola mais difícil, incentivar. Pegar, se caíssem, dentaduras e bengalas.

Fazer — e conseguiu — com que cada um tocasse ao menos uma vez na bola. Tudo foi muito lento, andado, parado. Nem gol saiu. Poucos chutes. De destaque, só um passe "de calcanhar", mas sem querer, com o andador — para aplausos de todos. Não repetiram mais a experiência. Por temor de acidentes e porque, avaliaram, na prática, não houve jogo. Isso para quem assistiu. Porque de noite, depois da sopa, não teve radinho nem tevê. Os que jogaram e os que não jogaram ficaram na sala, em roda, falando, ouvindo, imaginando, transbordando com gestos, olhos e palavras o que foi o jogo de verdade. Mulheres, filhos, inimigos, patrões, parentes, parceiros, retratos de avós, orfanatos, trabalhos, estradas. Polícia-e-ladrão na escola. Tiro de Guerra. Pasta de pedidos. Caminhões. Cidades e roças. Um terno. Bolas de gude. Frutas na relva. Cerveja gelada. Cheiro de couro. Tapa na cara. Galinhada. Serrote nos troncos. Zona. Trilhos de trem. Cigarros sem filtro. Salame. Rodeios. Pimenta. Cana aberta nos dentes. Faca na cinta. Carimbos. Balcões. Botas. Tijolo, cimento, areia. Uma índia escura na fazenda. Vidros da igreja. Sacos de farinha. Cavalo em pelo. Sim, senhor. Não, senhor. A senhora quem sabe. Banda com tuba e pratos. Manivela. Cruz no morro. Brigas na rua. Quermesse. Relógio, bicicleta, injeção, pedrada, esmeril, samambaias, cachoeira, macumba, beterraba, vasilhames no tanque, chave de fenda, luvas, cusparadas. Farofa com bacon. Bocha. Anzol com barulhinho. Azulejo de flor. Rapé. Revista de sacanagem. Manteiga, ônibus, feno, oficina, chafariz, as unhas, é pra já, às ordens, cicatriz, cobra de noite, tambor, vassourão, rodoviária, caderno de caligrafia, a mãe que levou um doce, loterias, porrada na arquibancada, o pai que deu um presente. Seu delegado, seu guarda, seu doutor, os muques, o peito, a potência. E os filhos, todos, centenas, correndo, gritando, com todas as idades ao mesmo tempo, entrelaçados ali entre eles, chutando, fazendo gols e vindo para os abraços, empoleirando-se nas suas costas, erguendo-os nos ombros, jogando-os para o alto.

Tudo isso é que teve no jogo que eles contavam, debatiam, analisavam aos risos, às falas, às mímicas, às palmas.
Os que assistiram é que não viram.
Não sentiram os cheiros.
Não ouviram os barulhos.
Não perceberam nada.
Não sabem o que perderam.

SOBRE OS TEXTOS

Todos os textos (exceto "Secos e molhados", inédito), com pouquíssimas revisões, foram selecionados (assim como os que formam meu livro anterior, *Eram todos camisa dez*, também publicado por esta editora Iluminuras) entre os que, com grande orgulho, eu tenho publicado quase semanalmente no Blog do Juca Kfouri [http://blogdojuca.uol.com.br/] desde 2011.

SOBRE O AUTOR

Luiz Guilherme Piva nasceu em Ubá (MG) em 1962. É economista e tem mestrado e doutorado em ciência política. Nessas áreas, publicou, em 2000, *Ladrilhadores e semeadores: a modernização brasileira no pensamento político de Oliveira Vianna, Sérgio Buarque de Holanda, Azevedo Amaral e Nestor Duarte* (1920-1940), pela Editora 34, e, em 2008, *A miséria da economia e da política*, pela Editora Manole.

Em literatura, além de produções independentes, publicou, em 2010, *Poemas para vestir*, pela Editora Estação das Letras e Cores (coautoria com José Santos), e, em 2014, *Eram todos camisa dez*, pela Editora Iluminuras.

**CADASTRO
ILUMI/URAS**

Para receber informações
sobre nossos lançamentos e
promoções envie e-mail para:

cadastro@iluminuras.com.br

Este livro foi composto em Arsenal e League pela
Iluminuras e terminou de ser impresso em abril de
2018 nas oficinas da *Meta Brasil*, em Cotia, SP.